미국엄마와
함께하는
리얼 엄마표 영어

아이와 일상생활을 원어민 영어로!

김캐서린(미국엄마) 지음

노란우산

다음 두 문장 중 어떤 게 더 자연스러울까요?

Let's go eat breakfast.
Let's go and eat breakfast.

go와 eat은 둘 다 동사이기 때문에 그 사이에 and가 꼭 있어야 한다고 생각하시나요?
대개 한 문장 속에서 주동사는 연속으로 등장하지 않습니다. 하지만 'go＋동사'와 'come＋동사'의 형태는 '가서 ~해', '와서 ~해'라는 의미로 두 행동이 이어지기 때문에 and 없이 사용하는 게 더 자연스럽습니다. 그래서 미국 사람들은 일상에서는 Let's go eat breakfast.를 더 흔하게 사용합니다. (본문 41쪽 참고.)

아래 세 문장 중에서는 어떤 걸 아이들에게 알려 주는 게 좋을까요?

You are very clean.
You are squeaky clean.
You are sparkling clean.

위의 문장은 모두 "(넌) 매우 깨끗하구나."라는 의미를 담고 있습니다. 그런데 좀 더 자세히 들여다보면, 'squeaky clean(뽀득뽀득하게 깨끗한)'과 'sparkling clean(빛이 날 정도로 깨끗한)'은 'very clean(매우 깨끗한)'보다 더 구체적인 의미를 내포하고 있다는 걸 알 수 있습니다. 그러니 이런 collocation(연어 : 어떤 언어 내에서 특정한 뜻을 나타낼 때 흔히 함께 쓰이는 단어들의 결합)을 알아두면 상황에 따라 영어를 더 자연스럽고 풍성하게 사용할 수 있겠지요.

《미국엄마와 함께하는 리얼 엄마표 영어》에서는 이처럼 원어민들이 일상생활에서 자주 사용하는 문장 구조와 표현, 유용한 연어들을 소개하고, 또한 한국 사람들이 자주 헷갈려 하는 표현과 발음 등을 콕 집어 설명하고 있습니다.

이 책은 메인 대화문을 보며 음원의 발음을 듣고 따라 말하기, 메인 대화문에 등장하는 어휘와 표현 분석하기, 관련된 동요를 듣고 따라 부르기, 관련된 영어 그림책 같이 읽기 등 다양한 방법으로 영어를 익히고 자연스럽게 노출되도록 구성했습니다. 메인 대화문을 여러 번 보고 듣고 쓰고 분석하며 공부하다 보면 시간은 오래 걸릴 수 있겠지요. 하지만 언어는 이렇게 깊숙이 공부할수록 기억에 오래 남게 됩니다.

육아를 하며 무언가를 깊이 있게 공부하는 것은 결코 쉬운 일이 아닙니다. 저는 제 아들이 태어나던 무렵에 한글을 유창하게 읽고 쓰지 못했었습니다. 그래서 앞으로 한국에서 자라날 아들과 일상을 함께하기 위해 한국어 공부를 하기 시작했습니다. 매일 새벽, 시간을 쪼개어 공부를 이어가는 동안 저는 얻은 게 참 많았습니다. 하루하루 커 가는 아이와 함께 한글 그림책을 읽으며 많은 추억을 쌓을 수 있었고, 또 이렇게 한글로 직접 엄마표 영어를 위한 책도 쓰게 되었습니다.

하지만 무엇보다도 가장 큰 수확을 꼽자면, 바로 공부하는 습관과 목표 달성이 아닐까 합니다. 저는 외국어가 낯설고 불편하다고 해서 쉽게 포기하지 않았습니다. 오래 걸리더라도, 성실히 공부를 하면 목표에 도달할 수 있다는 사실을 말이 아닌 행동으로 아들한테 직접 보여 준 것이지요.

앞으로 나아갈 영어 공부의 여정은 길겠지만, 아무쪼록 이 책이 그 길의 좋은 출발점이 되길 기원합니다.

— 김캐서린 (미국엄마)

이 책의 특징

1 **원어민이 사용하는 엄마표 영어**

미국에서 나고 자라 부모표로 한국어를 배우고, 한국에서 자신의 아이에게 엄마표로 영어를 가르친 저자의 풍부한 경험과 노하우를 살려 집필한 리얼 엄마표 영어책입니다.

한국 사람들이 자주 틀리는 발음, 헷갈리는 단어와 표현 등을 콕 집어 알려 주고, 미묘한 뉘앙스에 대한 설명, 연어(collocation)를 통한 단어의 확장 등 문장을 따라 읽고 외우는 것에서 벗어나 문화를 이해하며 영어라는 언어를 깊이 있게 이해하도록 구성했습니다.

2 **미국 명문 대학 출신 감수자들의 꼼꼼하고 철저한 감수**

원어민인 저자의 완성도 높은 원고를 더욱 완벽하게 보완하기 위해 감수자 3인의 꼼꼼한 감수를 거쳤습니다. 미국 명문 대학 출신으로 한국어와 영어를 둘 다 사용할 수 있고, 아이들을 기르고 가르치는 교사들로 감수자를 구성하여 교육적이고 실용적인 내용으로 구성되도록 내용을 깊이 고민하며 꼼꼼하게 감수했습니다.

3 **QR 코드와 세이펜 코딩으로 음원 지원**

섀도잉(shadowing)과 받아쓰기를 할 수 있도록 메인 대화문뿐 아니라 Language Insight의 모든 영어 문장을 원어민이 녹음하여 QR 코드와 세이펜을 이용해 언제 어디서든 원할 때마다 들을 수 있게 구성했습니다. 음원을 듣고 따라 말하는 섀도잉(shadowing)과 받아쓰기를 하다 보면 어느새 영어 좀 하는 멋진 엄마가 되어 있을 것입니다.

4 **매일 반복되는 하루 일과를 대화 문장으로 구성**

아침 일과, 어린이집/유치원/학교, 실내 활동, 야외 활동, 저녁 일과, 특별 행사 등 아이와 함께하는 하루 일과를 7개의 파트로 나누고, 또 구체적인 40가지 상황으로 나누어 미국인들이 생활 속에서 실제 사용하는 표현들을 쉽게 따라 할 수 있도록 구성했습니다. 미국 아이들이 말을 배울 때 사용하는 유아어, 문장을 더 자연스럽게 만들어 주는 의성어, 의태어, 감탄사 등을 다양하게 소개하고, 원어민만이 느낄 수 있는 단어의 미묘한 차이에 대해서도 설명하여 살아 있는 영어를 사용할 수 있도록 했습니다.

5 **영어 노출 환경을 만들어 주는 다양한 자료 제공**

아이와 엄마표 영어를 즐겁게 배울 수 있도록 도와주는 영어 동요, 영어 그림책을 주제에 맞게 소개하여 영어를 더욱 확장할 수 있도록 구성했습니다. 또 이 책에 나오는 영어 문장들만 정리한 mp3 음원을 활용하여 흘려듣기를 반복하면 영어 노출 시간을 늘리는 데 도움이 됩니다.

6 **저자 SNS를 통한 자료와 스터디 지원**

저자의 인스타그램(@migookeomma)과 스터디 카페(cafe.naver.com/migookeomma)를 통해 이 책을 더 쉽게, 더 즐겁게 공부할 수 있는 자료가 제공되고, 저자가 직접 리드하는 스터디가 진행됩니다. 혼자 하면 포기하기 쉽지만 함께하면 서로 끌어 주고 밀어 주며 끝까지 할 수 있습니다.

이 책의 구성

CONVERSATION :

메인 대화문(main dialogue)으로써, 부모와 아이가 일상생활에서 반복적으로 사용하는 대화를 정리했어요. 1:1로 대화를 주고받는 형식으로 구성되어서 역할놀이 하듯 연습해서 실생활에 활용할 수 있어요.

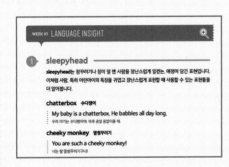

LANGUAGE INSIGHT :

영어를 단순히 읽고 해석하고 무작정 따라 말하는 데 그치지 않고, 세밀히 탐구해서 이해하고 활용할 수 있어요. 이해하고 활용하면 쉽게 능숙해지고, 언어 능력을 확장할 수 있어서 아이의 영어 공부에 든든한 후원자가 될 수 있어요.

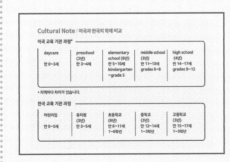

Cultural Note :

한국과 미국의 문화적인 차이를 알려 주는 코너로서, 영어를 이해하는 데 도움이 돼요. 문화도 이해하고 언어도 알고 일석이조!

SONG OF THE WEEK :

주제에 맞는 쉽고 간단한 동요를 알려 줘요. 일상생활을 소재로 한 가벼운 대화체의 노랫말을 지닌 동요들을 선정하여서 반복하여 듣다 보면 나도 모르게 따라 부르며 대화를 익히게 돼요. (** 동요의 url 주소는 유튜브 사용자의 사정에 따라 연결되지 않을 수도 있습니다. 이 경우 검색을 이용해 노래를 찾아 들을 수 있어요.)

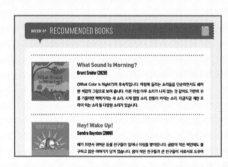

RECOMMENDED BOOKS :

주제에 맞는 그림책을 추천해 주는 코너로서 더욱 심화된 내용을 볼 수 있어요. 오랫동안 세계 여러 나라에서 검증되어 온 유명한 작가의 유명 그림책을 보면서 아이와 즐거운 책 읽기 시간을 가져요.

부록 – Daily Expressions for Parents :

일어나기, 식사와 간식 먹기, 세수하기, 양치하기, 옷 입기, 목욕하기, 잠자기, 칭찬하기 등 부모님들이 일상생활에서 아이에게 많이 사용하는 표현들을 따로 정리하여 쉽게 활용할 수 있어요.

세이펜과 QR 코드, 이렇게 활용해요!

《미국엄마와 함께하는 리얼 엄마표 영어》는 세이펜 기능이 적용된 도서입니다. 아래에 보이는 세이펜 코딩 영역에 세이펜을 찍으면 원어민의 목소리로 녹음된 영어 문장을 들을 수 있습니다. 세이펜이 없는 경우 휴대폰으로 QR 코드를 찍으면 과별로 전체 내용을 들을 수 있습니다.
(*표지의 책 제목을 찍으면 음원자동찾기 기능으로 해당 음원을 찾아줍니다.)

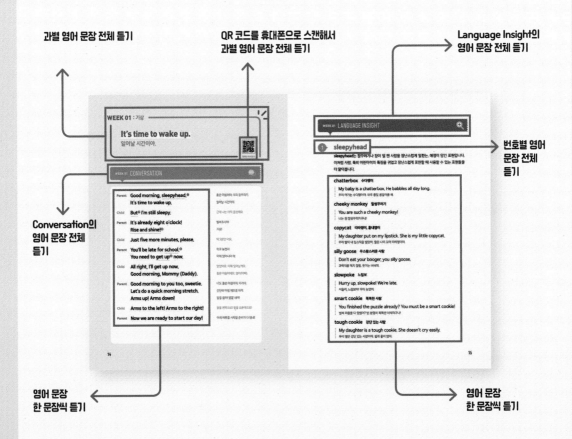

과별 영어 문장 전체 듣기

QR 코드를 휴대폰으로 스캔해서 과별 영어 문장 전체 듣기

Language Insight의 영어 문장 전체 듣기

번호별 영어 문장 전체 듣기

Conversation의 영어 문장 전체 듣기

영어 문장 한 문장씩 듣기

영어 문장 한 문장씩 듣기

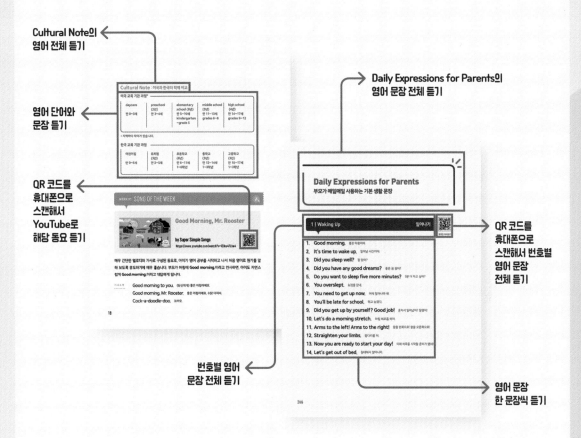

Cultural Note의
영어 전체 듣기

영어 단어와
문장 듣기

QR 코드를
휴대폰으로
스캔해서
YouTube로
해당 동요 듣기

Daily Expressions for Parents의
영어 문장 전체 듣기

QR 코드를
휴대폰으로
스캔해서 번호별
영어 문장
전체 듣기

번호별 영어
문장 전체 듣기

영어 문장
한 문장씩 듣기

세이펜으로
콕 찍으면
전체 듣기를
할 수 있어요.

휴대폰으로
QR 코드를 스캔해
전체 mp3 음원을
다운로드 받으세요.

차례

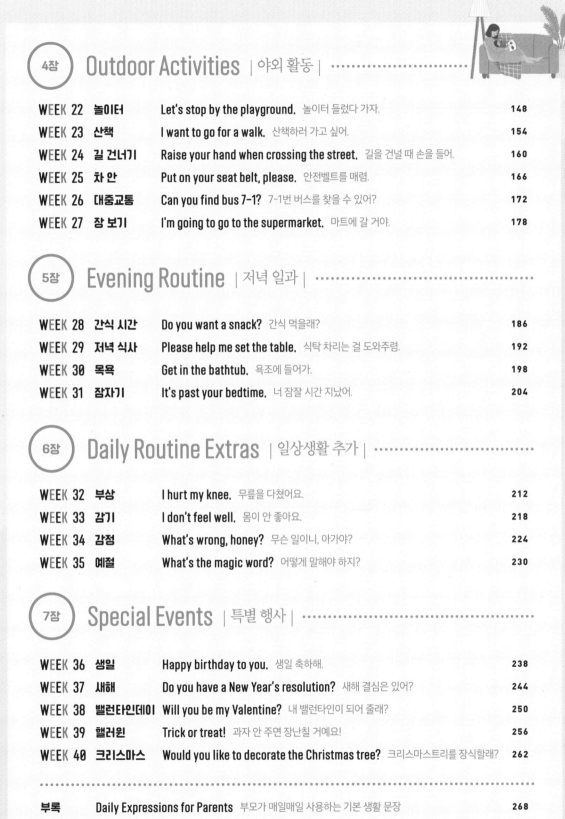

미국엄마와 함께하는
리얼 엄마표 영어

1장

Morning Routine

| 아침 일과 |

It's time to wake up.
일어날 시간이야.

원어민 따라읽기

WEEK 01 CONVERSATION

Parent	Good morning, sleepyhead.❶ It's time to wake up.	좋은 아침이야, 잠꾸러기. 일어날 시간이야.
Child	But❷ I'm still sleepy.	근데 나는 아직 졸린데요.
Parent	It's already eight o'clock! Rise and shine!❸	벌써 8시야! 기상!
Child	Just five more minutes, please.	딱 5분만 더요.
Parent	You'll be late for school.❹ You need to get up❺ now.	학교 늦겠다. 이제 일어나야 해.
Child	All right, I'll get up now. Good morning, Mommy (Daddy).	알았어요, 이제 일어날게요. 좋은 아침이에요, 엄마(아빠).
Parent	Good morning to you too, sweetie. Let's do a quick morning stretch. Arms up! Arms down!	너도 좋은 아침이야, 아가야. 간단한 아침 체조를 하자. 팔을 올려! 팔을 내려!
Child	Arms to the left! Arms to the right!	팔을 왼쪽으로! 팔을 오른쪽으로!
Parent	Now we are ready to start our day!	이제 하루를 시작할 준비가 됐네!

sleepyhead ───────────────────────

sleepyhead는 잠꾸러기나 잠이 덜 깬 사람을 장난스럽게 일컫는, 애정이 담긴 표현입니다. 이처럼 사람, 특히 어린아이의 특징을 귀엽고 장난스럽게 표현할 때 사용할 수 있는 표현들을 더 알아봅니다.

chatterbox   수다쟁이

My baby is a chatterbox. He babbles all day long.
우리 아기는 수다쟁이야. 하루 종일 옹알이를 해.

cheeky monkey   말썽꾸러기

You are such a cheeky monkey!
너는 참 말썽꾸러기구나!

copycat   따라쟁이, 흉내쟁이

My daughter put on my lipstick. She is my little copycat.
우리 딸이 내 립스틱을 발랐어. 딸은 나의 꼬마 따라쟁이야.

silly goose   우스꽝스러운 사람

Don't eat your booger, you silly goose.
코딱지를 먹지 말렴, 우스꽝스러운 녀석아.

slowpoke   느림보

Hurry up, slowpoke! We're late.
서둘러, 느림보야! 우리 늦었어.

smart cookie   똑똑한 사람

You finished the puzzle already? You must be a smart cookie!
벌써 퍼즐을 다 맞췄어? 넌 분명히 똑똑한 녀석이구나!

tough cookie   강단 있는 사람

My daughter is a tough cookie. She doesn't cry easily.
우리 딸은 강단 있는 아이야. 쉽게 울지 않아.

② But

but은 '그러나', '하지만'이라는 뜻을 가진 접속사로 흔히 사용합니다. 그런데 미국에서는 변명을 하거나 불만을 표현할 때, '근데……', '그런데……'처럼 습관적으로 사용하는 담화 표지 (**discourse marker**: 대화를 할 때, 문장의 내용에 직접적인 영향을 미치지는 않지만 전체적인 분위기나 진술하고자 하는 내용에 대한 문장 간의 연결 관계를 높이기 위해 사용하는 어구. 말하는 이의 상태나 의도, 감정을 나타내기도 함.)로 **but**을 사용하기도 합니다. 그래서 **No buts!**(변명 금지!)라는 표현도 있습니다.

Parent	Please do your homework right now.	지금 바로 숙제하렴.
Child 1	I don't want to.	나는 하기 싫어요.
Child 2	But I don't want to.*	근데 나는 하기 싫은데요.

Parent	Please clean up your room.	방을 청소하렴.
Child 1	I'm tired.	나는 피곤해요.
Child 2	But I'm tired.*	근데 나는 피곤한데요.
Parent	No buts! Do it right now, please.	변명 금지! 지금 당장 하렴.

* Child 2의 답변은 but 없이 대답해도 되지만 앞에 but을 붙이면 "근데 나는 하기 싫은데요."처럼 조금 더 불만을 표현하는 문장이 됩니다.

③ Rise and shine!

Rise and shine!은 "기상!" 혹은 "일어나!"라는 의미의 명령문입니다. **rise**는 말 그대로 '일어나라'는 뜻이고, **shine**은 '해처럼 밝고 기분 좋게 빛내면서 하루를 보내라'는 뜻을 가지고 있습니다.
어린아이들에게는 **Wakey-wakey!**와 **Up and at 'em!**도 종종 사용합니다. **Wakey-wakey!**는 "일어나, 일어나!"라는 뜻으로, **Wake up!**을 조금 더 장난스럽게 하는 표현이고, **Up and at 'em!**은 "일어나서 할일을 맞이해라!"라는 뜻입니다. '**em**은 **them**을 줄인 말로 '할 일들'을 의미합니다.

④ school

미국에서는 어린아이들이 다니는 기관을 어떻게 부를까요?

daycare 어린이집

preschool 유치원

kindergarten 유치원

school 학교(kindergarten 포함)

지역마다 차이가 있지만, **daycare**는 보통 만 3세 미만의 영유아들을 보육하고, **preschool**은 보통 만 3~4세의 아이들을 kindergarten 입학 준비에 초점을 맞추어 교육하며 초, 중, 고의 학기 일정을 따릅니다.

한국에서는 보통 5~7세(만 3~5세)의 아이들이 유치원을 다니지만, 미국은 주로 **preschool** 2년(만 3세~4세)과 **kindergarten** 1년(만 5세)으로 분리되어 있습니다. 그래서 유치원이 **preschool**로 번역될 때가 있고, **kindergarten**으로 번역될 때도 있습니다.

또한 미국에서 **kindergarten**은 한국의 병설 유치원처럼 흔히 공립 초등학교 안에 있기 때문에 "유치원 늦겠다."를 표현할 때 **You'll be late for kindergarten.**이라고 하기도 하고, **You'll be late for school.**이라고 하기도 합니다.

5 ▶ **get up** ━━━━━━━━━━━━━━━━━━━━━━━━━━━━━━━

wake up과 비슷한 말로 **get up**이 있습니다. 한국어로는 둘 다 '일어나다'라고 번역되지만 영어로는 서로 뜻이 다릅니다.

wake up	잠에서 깨서 일어나다(정신 상태)
get up	잠자리에서 나와서 일어나다(행동)

I wake up at 8, but I usually don't get up from my bed until 8:30.
나는 8시에 잠에서 깨지만, 대개 8시 반까지는 침대에서 일어나지 않아요.

구어체 표현 **Are you up?**(일어났어?) 혹은 **I'm up.**(일어났어.)은 **wake up**과 **get up** 둘 다 의미할 수 있습니다.

Cultural Note : 미국과 한국의 학제 비교

미국 교육 기관 과정*

daycare	preschool (2년)	elementary school (6년)	middle school (3년)	high school (4년)
만 0~3세	만 3~4세	만 5~10세 kindergarten ~grade 5	만 11~13세 grades 6~8	만 14~17세 grades 9~12

* 지역마다 차이가 있습니다.

한국 교육 기관 과정

어린이집	유치원 (3년)	초등학교 (6년)	중학교 (3년)	고등학교 (3년)
만 0~5세	만 3~5세	만 6~11세 1~6학년	만 12~14세 1~3학년	만 15~17세 1~3학년

WEEK 01 SONG OF THE WEEK

Good Morning, Mr. Rooster

by Super Simple Songs
https://www.youtube.com/watch?v=1Ziku4FLka4

매우 간단한 멜로디와 가사로 구성된 동요로, 아이가 영어 공부를 시작하고 나서 처음 영어로 뭔가를 말해 보도록 유도하기에 매우 좋습니다. 부모가 아침에 **Good morning.**이라고 인사하면, 아이도 자연스럽게 **Good morning.**이라고 대답하게 됩니다.

가사소개
Good morning to you.　(당신에게) 좋은 아침이에요.

Good morning, Mr. Rooster.　좋은 아침이에요, 수탉 아저씨.

Cock-a-doodle-doo.　꼬끼오.

What Sound Is Morning?
Grant Snider (2020)

《What Color Is Night?》의 후속작입니다. 아침에 들리는 소리들을 단순하면서도 화려한 색감의 그림으로 보여 줍니다. 이른 아침 아무 소리가 나지 않는 것 같아도 가만히 귀를 기울이면 짹짹거리는 새 소리, 시계 알람 소리, 전등이 켜지는 소리, 지글지글 계란 프라이 익는 소리 등 다양한 소리가 있습니다.

Hey! Wake Up!
Sandra Boynton (2000)

해가 뜨면서 귀여운 동물 친구들이 일어나 아침을 맞이합니다. 글밥이 적은 책인데도 불구하고 많은 이야기가 담겨 있습니다. 몸이 작은 친구들과 큰 친구들이 서로서로 도우며 어울리라는 교훈이 담겨 있고, 브로콜리 스튜를 싫어하는 하마의 표정 등 유머 포인트가 많습니다.

A Child's Good Morning Book
Margaret Wise Brown / Karen Katz (2016)

해가 뜨고, 수탉들이 울고, 새들이 날아가고, 말들이 뛰고, 벌들이 윙윙거리며 하루가 시작됩니다. 잠에서 깬 아이들에게도 새로운 날이 시작되고, This is your day! 즉 "오늘은 너의 날이야!"라며 아이들에게 신나는 하루를 보내라는 메시지가 담겨 있습니다.

Waking Up Is Hard to Do
Neil Sedaka / Daniel Miyares (2010)

잠이 덜 깬 아기 악어가 졸린 상태로 양치하고 아침 식사하며 등원 준비를 합니다. 아이들에게 "그래, 아침에 일어나는 게 쉽지 않지?"라고 위로를 해 줍니다. 미국의 유명 가수 Neil Sedaka가 직접 부른 밝고 경쾌한 음원도 포함되어 있습니다.

Do you need to go to the bathroom?
화장실 가야 해?

원어민 따라읽기

WEEK 02 CONVERSATION

Parent	Do you need to go to the bathroom?❶ You haven't gone❷ all night.	화장실 가야 해? 밤새 볼일을 보지 않았잖아.
Child	I'm not sure.	잘 모르겠어요.
Parent	Let's give it a try.❸ I'll walk you to the bathroom.	한 번 시도해 보자. 화장실에 데려다줄게.
Child	Okay.	네.
Parent	Sit on the potty❹ and pee. Lift up the toilet seat before you pee. Call me if you need any help.	변기에 앉고 쉬해.(딸) 쉬하기 전에 변기 시트를 올려.(아들) 도움이 필요하면 불러.
Child	I'm all done.	다 했어요.
Parent	Do you want help wiping?	닦는 거 도와줄까?
Child	No, I already did it by myself.	아니요, 이미 나 혼자서 했어요.
Parent	Wow! You are a big kid now!❺ Don't forget to close the toilet cover and flush.	어머! 이제 다 컸네! 변기 뚜껑 닫고 물 내리는 거 잊지 마.

Do you need to go to the bathroom?

성인들은 대개 직접적으로 소변, 대변을 명시하여 말하지 않고 에둘러서 표현하곤 하지요. 영어에서도 **I need to use the bathroom.** 혹은 **I need to use the toilet.**(화장실 사용해야 해요.)이라고 간접적으로 표현하곤 합니다.

그런 반면 **pee**는 어린아이들에게 혹은 친한 사이에 격의 없이 대화할 때, '쉬하다'라는 동사 혹은 '오줌'이라는 명사로 사용하는 단어입니다. (영국에서는 **pee** 대신 **wee**를 사용하기도 합니다.) '응가하다', '응가'는 **poop**이라고 합니다. **urinate**(소변을 보다)와 **defecate**(대변을 보다)라는 격식 있는 표현도 있지만 일상 회화에서는 잘 사용하지 않습니다.

need to pee는 '쉬해야 한다', '쉬 마렵다'라는 뜻으로 사용되고, **need to poop**은 '응가해야 한다', '응가 마렵다'라는 뜻으로 사용됩니다.

I need to pee. 나는 쉬 마려워요.

The baby needs to poop. 아기는 응가해야 해요.

그리고 변기 외에 다른 곳에다 실수로 볼일을 봤을 때는 **wet**(소변을 보다)과 **soil**(소변, 대변을 보다)을 동사로 사용합니다. 또 **pee in/on ~** (~에 소변을 누다), **poop in/on ~** (~에 대변을 누다)이라는 표현도 사용합니다.

Did you wet your pants? / Did you pee in your pants?
바지에 오줌 쌌어?

The baby soiled the bed. / The baby pooped on the bed.
아기가 침대에 똥을 쌌어요.

gone

go의 여러 뜻 중에는 '화장실에 가다' 혹은 '볼일을 보다'라는 의미도 있습니다. 보통 어린아이들이나 친한 사람들끼리 사용합니다.

I have to go. 나는 화장실에 가야 해.

You can go in the bottle. 병에다 볼일을 봐도 돼.

The baby went in her diaper. 아기가 기저귀에다 볼일을 봤어.

참고로 소변 혹은 대변을 참는 것은 **hold it in** 혹은 **hold it**이라고 합니다.

Can you hold it in? 참을 수 있어?

I can't hold it any longer. 나는 더 이상 참을 수 없어.

3 give it a try

명령하기보다는 조금 더 부드럽게 뭔가를 해 보라고 말할 때, '**Give it a+명사.**'를 사용할 수 있습니다. '한번 ~해 봐.'라는 뜻입니다. 아래 예문에서 **go**는 동사로 많이 사용되는 단어인데, 여기서는 명사로 사용된 것입니다.

Give it a go. 한번 해 봐.

Give it a kick. 한번 발로 차 봐.

Give it a listen. 한번 들어 봐.

Give it a push. 한번 밀어 봐.

Give it a rest. 한번 (쉬게) 놔둬 봐.

Give it a shot. 한번 시도해 봐.

Give it a try. 한번 시도해 봐.

Give it a whirl. 한번 휙 해 봐.

4 potty

potty는 '변기'를 일컫는 유아어(幼兒語)로 '**chamber pot**(요강)'에서 유래되었습니다. **I have to go to the potty.** 혹은 줄여서 **I have to go potty.**라고 하면 "저는 변기에 볼일을 봐야 해요."라는 뜻입니다. 성인들은 변기를 **potty**가 아니라 **toilet**이라고 합니다.
한국어의 '맘마', '까까'처럼 영유아들이 사용하는 유아어를 **baby talk** 혹은 **nursery words**라고 합니다. 유아어는 듣기에 재미있고 발음하기 쉬워서 아이들이 말을 배우는 데 큰 도움이 됩니다.

Baby Talk / Nursery Words

유아어	표준어	한국어
beddy bye nigh nigh	bed time	잠잘 시간
binky (미) paci (미) dummy (영)	pacifier	고무젖꼭지
blankie	blanket	이불
boo boo owie	bruise injury	멍, 부상
bruddah bubby	brother	오빠, 형, 남동생
dada papa	father	아빠
din-din	dinner	저녁
dolly	doll	인형
huggy	hug	포옹
icky	gross	더럽다
jammies jam jams	pajamas (미) pyjamas (영)	잠옷
kissy	kiss	뽀뽀

유아어	표준어	한국어
mama	mother	엄마
nan nana	grandmother	할머니
nappy (영)	diaper	기저귀
no-no	taboo	금지된 것
nom nom num num yum yum	food meal	음식, 식사
oopsie	accident	실수
pawpaw papa	grandfather	할아버지
pee (미) wee (영)	urinate urine	쉬하다, 오줌
potty	toilet	변기
sissy sista	sister	언니, 누나, 여동생
tummy belly	stomach	배
wawa	water	물

5 You are a big kid now!

영어로 "다 컸네."라고 아이들을 칭찬할 때 **big kid**라고 표현합니다. "이제 언니, 형아 다 됐네."라고 표현하는 것과 비슷한 느낌입니다. **kid** 대신 **boy**나 **girl**을 넣을 수도 있습니다.

> You are a big boy now!   이제 형아 다 됐네.
> You are a big girl now!   이제 언니 다 됐네.

다르게 표현하는 방법으로 **You're all grown up.**이라고 말할 수도 있습니다.

"Hey! Come on in!"

The Potty Song

by Pinkfong
https://www.youtube.com/
watch?v=dAUb72pYDMs&t=36s

아이들이 화장실에서 볼일을 볼 때 기분 좋게 부를 수 있는 신나는 동요입니다. **pants, pee, poop, poo, poopy, potty, pull** 등 동일한 자음 'p'를 적당한 간격으로 반복 사용한 가사가 매우 흥미롭습니다. 이를 '두운법(**alliteration**)'이라고 하는데 아이들에게 영어 음소(音素)를 노출해 주는 데 유용합니다.

가사소개

Sit on the potty and pee.   변기에 앉아서 쉬해요.

Pee slides down the potty.   오줌이 변기로 미끄러져 내려가요.

Potty, see you when I pee again!   변기야, 내가 또 쉬할 때 보자!

Potty

Leslie Patricelli (2010)

기저귀가 아닌 변기에 응가하는 방법을 처음 배우는 아기의 불안감과 쾌감을 가볍게 묘사한 보드북입니다. 변기와 밀당하는 아기의 표정이 재미있습니다. 주인공은 아기지만, 보통 4세 이상 아이들에게 이 시리즈의 유머 코드가 잘 들어맞습니다.

Time to Pee!

Mo Willems (2003)

귀여운 생쥐들이 소변이 급한 아이들에게 차분하고 친절하게 변기 사용법을 안내합니다. 자유분방한 화면 구성과 유머러스한 그림이 재미를 더해 줍니다. 하드커버 버전에는 진도차트와 스티커가 포함되어 있습니다. 후속작인 《Time to Say "Please"!》도 추천합니다.

A Potty for Me!

Karen Katz (2005)

변기 사용법을 배우는 어린아이의 이야기입니다. 플랩북이고, Karen Katz 작가의 보드북은 주로 이처럼 플랩을 넘기는 재미가 있습니다. 아이가 Karen Katz 작가의 그림 스타일을 좋아한다면 작가의 대표작인 《Where is Baby's Belly Button?》도 추천합니다.

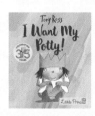

I Want My Potty!

Tony Ross (1986)

변기를 쓰고 싶지 않은 꼬마 공주가 궁의 사람들과 티격태격하다가 결국 변기의 매력을 알게 됩니다. Little Princess 공식 유튜브 채널에서 같은 제목의 애니메이션, 혹은 read aloud 영상과 같이 보면 몰입 효과가 더욱 좋습니다.

Let's eat breakfast.

아침 먹자.

원어민 따라읽기

WEEK 03 CONVERSATION

Parent	Your stomach is rumbling. Are you hungry?	네 배가 꼬르륵거리네. 배고프니?
Child	Yes, I am.	네, 배고파요.
Parent	Then let's eat❶ breakfast. What do you want to eat?	그렇다면 아침 먹자. 뭐 먹고 싶어?
Child	Um,❷ I want pancakes.	음, 팬케이크를 먹고 싶어요.
Parent	Good choice.❸ Let's have banana❹ pancakes for breakfast.	좋은 선택이야. 아침 식사로 바나나 팬케이크를 먹자.
Child	Could we have blueberry pancakes❺ instead?	그거 대신 블루베리 팬케이크를 먹을 수 있나요?
Parent	Sure thing! And what do you want to drink? We have milk, orange juice, and water in the fridge.	물론이지! 그리고 뭐 마시고 싶어? 냉장고에 우유, 오렌지 주스, 그리고 물이 있어.
Child	Orange juice, please.	오렌지 주스 주세요.
Parent	Breakfast is ready. Here are your blueberry pancakes and orange juice. Enjoy.❻	아침 식사가 준비됐어. 여기 블루베리 팬케이크와 오렌지 주스가 있어. 맛있게 먹으렴.

1 eat

'~을 먹다'를 표현할 때 **eat**, **have**, **take**를 써서 표현할 수 있습니다. 그런데 이 세 단어는 의미가 비슷하지만 조금씩 다르게 사용되어 자주 헷갈리곤 합니다.

eat	음식을 먹다	I ate a salad. 나는 샐러드를 먹었어요.
have	음식을 먹다(eat)	I had a steak for lunch. 나는 점심에 스테이크를 먹었어요.
	음료수를 마시다(drink)	I had some milk. 나는 우유를 좀 마셨어요.
take	(음식 외에) 섭취하다	I took two cough drops. 나는 목캔디를 2개 먹었어요.

2 Um

um과 비슷하면서 느낌이 다른 단어들을 비교해 봅니다.

hmm 음, 흠(생각 혹은 망설임을 표현할 때 사용)

Hmm, that could be interesting. 흠, 흥미로울 수 있겠네요.

mhm / mm-hmm 응(동의 혹은 인정을 표현할 때 사용)

Does this look okay? 이거 괜찮아 보여요?
Mhm, I think so. 응, 괜찮은 거 같아요.

mmm 음

1. 만족이나 즐거움을 표현할 때 사용(특히 음식 관련)
Mmm, this pizza is tasty. 음, 이 피자가 맛있어요.

2. 동의 또는 승인을 표시하는 데 사용

Mmm, I know what you mean. 음, 무슨 말인지 알아요.

um 음(망설임을 표현할 때 사용)

Anyway, um, what was I saying?

그나저나, 음, 내가 무슨 말을 하고 있었죠?

③ ## Good choice.

Good choice.는 "좋은 선택이야." 혹은 "잘 선택했어."라고 칭찬하는 표현입니다. 이처럼 누군가에게 가볍게 칭찬할 때 주어, 동사 없이 '**Good**+명사.'로 표현할 수 있습니다.

Good catch. 잘 잡았어.

Good decision. 잘 결정했어.

Good effort. 수고했어.

Good eye. 잘 봤어.

Good going. 잘 했어.

Good idea. 좋은 생각이야.

Good job. 잘 했어.

Good observation. 잘 관찰했어.

Good plan. 좋은 계획이야.

Good thinking. 잘 생각했어.

Good try. 좋은 시도야.

Good work. 잘 했어.

④ ## banana

음절 언어(syllable-timed languages)

한국어, 프랑스어, 이탈리아어, 스페인어 등

강세 언어(stress-timed languages)

영어, 독일어, 러시아어, 태국어 등

영어는 한국어와 달리 강세가 매우 중요한 언어입니다. 그래서 영어에서 유래한 외래어를 발음할 때 박자와 강세에 특히 신경을 쓸 필요가 있습니다. **banana**는 한국식으로 일정하게 '바나 나'가 아니라, 두 번째 음절에 강세를 넣어 [**buh NA nuh**]라고 발음해야 합니다.

한국어에는 음절 강세가 없어서 한국 사람들은 영어를 공부할 때 음세를 특별히 의식하지 않고 일정하게 하는 경우가 많은데, 원어민 입장에서는 강세/약세를 구별하지 않으면 발음을 이해하기 어려울 정도로 강세는 발음에서 매우 중요한 부분입니다.

그래서 처음 보는 영단어는 사전을 검색해 뜻을 알아볼 때, 음절 강세가 어디에 있는지 꼭 확인해 보는 습관을 들이는 게 좋습니다.

5 pancakes

다음은 미국에서 아침 식사로 주로 먹는 음식입니다.

bacon and eggs 베이컨과 계란

bagel with cream cheese 크림 치즈 바른 베이글

breakfast burrito 아침용 부리토

breakfast sandwich 아침용 샌드위치

cereal 시리얼

French toast 프렌치 토스트

fruit and yogurt 과일과 요거트

hash browns 해시 브라운

oatmeal 오트밀

omelet (미) / omelette (영) 오믈렛

pancakes with maple syrup 메이플 시럽 뿌린 팬케이크

waffles 와플

6 Enjoy.

가볍게 "먹어." 혹은 "맛있게 먹어."라는 표현은 **Dig in.**이나 **Eat up.** 혹은 **Enjoy.**라고 합니다. 조금 더 격식을 갖춘 표현으로는 **Enjoy your meal.** 혹은 **Bon appétit.**도 있습니다. **Bon appétit.**는 프랑스어지만 미국 사람들이 흔히 사용하는 표현입니다.

참고로 영미권에서는 "잘 먹겠습니다.(**I will eat well.**)"나 "잘 먹었습니다.(**I ate well.**)"와 같은 표현을 하지 않습니다. 대신 식사 전후로 이렇게 감사를 표현합니다.

Thank you for the food.

Thank you for the meal.

Thank you for breakfast.

Thank you for buying lunch.

Thank you for making dinner.

같은 말이라도 상황에 따라 식사 전에 하는 말일 수도 있고, 혹은 식사 후에 하는 말일 수도 있습니다.

> The pizza looks delicious. Thank you for buying lunch.
> 피자가 맛있어 보여요. (사 주신 점심) 잘 먹겠습니다.

> The pasta was amazing. Thank you for making dinner.
> 파스타가 참 맛있었어요. (해 주신 저녁) 잘 먹었습니다.

WEEK 03 SONG OF THE WEEK

Are You Hungry?

by Super Simple Songs
https://www.youtube.com/watch?v=ykTR0uFGwE0

배고픈 귀여운 괴물 친구들이 바나나, 사과, 포도, 수박 등을 아삭아삭 씹어 먹으며 배고픔을 달래는 사랑스러운 동요입니다. 아이들이 좋아하는 음식으로 가사를 바꾸어 일상생활 속에서 아이들과 함께 노래 부르며 활용하기에 좋습니다.

가사소개

Are you hungry? 배고파요?

Yes, I am. 네, 배고파요.

I'm full! 배불러요!

32

Eating the Alphabet: Fruits & Vegetables from A to Z
Lois Ehlert (1989)

다양한 과일과 야채를 소개하는 알파벳 책입니다. 아이들이 좋아할 만한 밝고 화려한 그림이 실려 있습니다. 과일과 야채의 이름을 배우기에 좋고, 문장이 아닌 단어를 소개하는 책이기 때문에 누구나 부담 없이 읽을 수 있습니다.

A Busy Creature's Day Eating!
Mo Willems (2018)

배고픈 생물체가 보이는 대로 우걱우걱 다 먹다가 결국엔 배탈이 납니다. 처음에는 생물체가 먹어 치우는 단어들을 ABC 순서로 소개하다 속이 안 좋아지면서 ooh, potty, queasy 등 예상 밖의 단어들이 등장합니다. 스토리가 신선하고 재미있습니다.

Max's Breakfast
Rosemary Wells (1985)

계란을 싫어하는 동생 Max에게 누나 Ruby는 아침 식사로 계란을 먹이려고 다양한 작전을 시도합니다. 반면에 bad egg를 피하기 위해 Max는 다양한 꼼수를 부리지요. 애니메이션으로 제작되어 유튜브에서도 볼 수 있습니다.

Pancakes for Breakfast
Tomie dePaola (1978)

아침 식사로 팬케이크를 먹기 위해 주인공이 직접 재료를 구해 음식을 만듭니다. 팬케이크를 만들기 위한 긴 과정이 음식의 소중함을 알려 주고, 일이 마음대로 되지 않아도 포기하지 말라는 교훈이 있습니다. 글자 없는 그림책으로서, 창의력을 키우기에 좋습니다.

Just try one bite.
한 입만 먹어 봐.

원어민 따라읽기

WEEK 04 CONVERSATION

Parent	I made you a big breakfast![1] It's seaweed soup and mackerel.	너를 위해 아침 든든하게 차렸어. 미역국과 고등어야.
Child	I don't want to eat that.	나는 그거 먹고 싶지 않아요.
Parent	Seaweed and fish are good for you. Eat up.[2]	미역과 생선은 건강에 좋아. 많이 먹으렴.
Child	Ew,[3] seafood is too slimy.	왁, 해물은 너무 미끌미끌해요.
Parent	I hear you. I was a picky eater at your age too.	네 마음 알아. 나도 네 나이에는 편식쟁이였어.
Child	Really?	정말요?
Parent	Yup, but a balanced diet makes you strong. That's why I learned to like seafood.	그럼, 그런데 골고루 먹으면 튼튼해져. 그래서 내가 해물을 좋아하게 된 거야.
Child	Oh.	오.
Parent	Just try one bite[4] of each. Tomorrow, I'll make you something you like.	그냥 각각 한 입만 먹어 봐. 내일, 네가 좋아하는 거 해 줄게.

1 big breakfast

든든한 식사, 가벼운 식사를 표현하는 말을 알아볼까요?

big meal	양이 많은 식사
small meal	양이 적은 식사
light meal	양이 적은 식사(소화하기에 부담 없는 적은 양)
heavy meal	기름기나 지방이 많은 식사(소화하기에 느끼하고 부담스러운 음식)
quick meal	간단한 식사

meal 대신에 **breakfast**, **lunch**, **dinner**를 넣어 표현해도 됩니다.

I had a big breakfast. 나는 아침 식사를 든든히 먹었어.

I had a big meal this morning. 나는 아침에 식사를 든든히 먹었어.

Let's have a light lunch. 점심 식사를 가볍게 하자.

Let's have a light meal today. 오늘 식사를 가볍게 하자.

We only have time for a quick dinner. 우리는 간단한 저녁 식사를 할 시간밖에 없어.

We only have time for a quick meal. 우리는 간단한 식사를 할 시간밖에 없어.

2 Eat up.

그릇이나 잔을 다 비우라고, 혹은 많이 먹으라고 하려면 전치사 **up**을 사용하면 됩니다.

Eat up. 다 먹어라.

Drink up. 다 마셔라.

Bottoms up. 쭉 들이켜. 원샷 해.(성인들이 술 마실 때 사용하는 표현)

3 **Ew** ——————————————————————————————

맛을 표현할 때 '맛있다'와 '맛없다'라는 의미를 내포하고 있는 의성어를 함께 사용하면 표현이
풍부해집니다.

맛있다	mmm, nom nom, yum
맛없다	bleh, ew, ick, ugh, yech, yuck

형용사로 표현할 때는, '맛있다'는 **delicious**, **tasty**, **yummy**를 사용하고 '맛없다'는 **gross**,
yucky, **not delicious**, **not tasty**를 사용합니다.

Yum! This snack is delicious. 냠! 이 간식은 맛있어요.
Yuck! This stale cracker is gross. 윽! 이 오래된 크래커는 맛없어요.

4 **Just try one bite** ——————————————————————

"한 입만 먹어 봐."라는 뜻으로 비슷하게 사용되는 표현들이 있습니다. **bite** 등 명사 앞에
more를 추가하면 '한 입 더'라고 표현할 수 있습니다.

Just try one (more) bite. 한 입만 (더) 먹어 봐.
Just try one lick. 한 번만 핥아 봐.
Just try one piece. 한 조각만 먹어 봐.
Just try one sip. 한 모금만 마셔 봐.
Just try one spoonful. 한 숟가락만 먹어 봐.
Just try one slice. 한 조각만 먹어 봐.
Just try one scoop. 한 숟갈만 먹어 봐.

Cultural Note :

Please chew quietly. 조용히 씹어 먹으렴.

Please chew with your mouth closed. 입을 다물고 씹으렴.

Please chew your food thoroughly. 음식을 꼭꼭 씹어 먹으렴.

Please eat at the table. 식탁에서 먹으렴.

Please stay at the table. 식탁에 가만히 있으렴.

Please don't burp at the table. 식탁에서 트림하지 말렴.

Please don't make a mess. 어지르지 말렴.

Please don't move around when eating. 먹을 때 왔다 갔다 하지 말렴.

Please don't slurp your food. 음식을 후루룩 소리를 내면서 먹지 말렴.

Please don't spit out your food. 음식을 뱉지 말렴.

Please don't play with your food. 음식 가지고 장난치지 말렴.

Please don't poke your food. 음식을 찔러 보지 말렴.

Please don't talk with food in your mouth. 입에 음식 있을 때 말하지 말렴.

Please don't watch TV while you eat. 음식 먹는 동안 TV 보지 말렴.

Please finish all your food. 음식을 (남기지 말고) 다 먹으렴.

Please sit still while you eat. 음식 먹는 동안 가만히 앉아 있으렴.

Please sit up straight at the table. 식탁에서는 반듯이 앉으렴.

Please stop fidgeting in your chair. 의자에서 그만 꼼지락거리렴.

Please take small bites. 잘게 베어 먹으렴.

Please use your napkin. 냅킨을 사용하렴.

Please wait until everyone is finished eating. 모두 식사를 마칠 때까지 기다리렴.

Please wash your hands before you eat. 음식 먹기 전에 손을 씻으렴.

Please wipe the table. 식탁을 닦아 주렴.

Please wipe your mouth. 입을 닦으렴.

Table Manners 2 식탁에서 바른 예절을 칭찬하는 표현

Thank you for cleaning up after yourself. 먹고 나서 스스로 치워서 고마워.

Thank you for setting the table. 식탁을 차려 줘서 고마워.

Thank you for turning off the TV. TV를 꺼서 고마워.

Thank you for wiping up the spill. 흘린 거 닦아서 고마워.

You did a good job eating by yourself. 혼자서 잘 먹었네.

You did a good job eating your vegetables. 야채를 잘 먹었네.

You did a good job putting your dishes away. 그릇을 잘 치웠네.

You did a good job using chopsticks. 젓가락을 잘 썼네.

You did a good job wiping your mouth. 입을 잘 닦았네.

WEEK 04 SONG OF THE WEEK

Yum Yum Vegetables

by Songs for Children

https://www.youtube.com/watch?v=9dB2Wnh6-H4

완두콩, 당근, 호박 등 채소를 먹기 싫어하는 동생에게 채소를 먹이기 위해서 누나는 인형들에게 동생의 음식을 주는 척 놀이를 하며 동생을 설득합니다. 그런데 누나는 브로콜리를 싫어한다는 반전이 있네요. 그러자 이번에는 반대로 동생이 인형에게 브로콜리를 먹이는 시늉을 하며 누나를 설득하는 재미있는 동요입니다.

가사소개

Peas, it's time to eat your peas. 완두콩, 완두콩 먹을 시간이에요.

No, I don't want to eat the peas. 싫어요, 난 완두콩을 먹고 싶지 않아요.

See, Teddy likes the peas. 봐요, 테디는 완두콩을 좋아해요.

Yummy Yucky
Leslie Patricelli (2003)

단순하고 간단한 문장으로 맛있는 음식과 맛없는 사물을 대조합니다. 맛있는 음식과 대조되는 맛없는 사물로 무엇이 등장할까 생각해 보는 재미가 있습니다. burger-booger, soup-soap처럼 모양이나 색깔, 발음은 비슷하지만 뜻밖의 엉뚱한 사물이 등장해 웃음을 주고 즐거운 마음으로 단어를 익힙니다.

How Do Dinosaurs Eat Their Food?
Jane Yolen / Mark Teague (2003)

나쁜 식사 예절과 좋은 식사 예절을 공룡 친구들을 통해 보여 주는 인성 책입니다. 공룡들의 익살스러운 표정이 특히 재미있고, 글밥은 많지 않습니다. 원어민 특유의 말투가 사용되어 내용이 다소 어렵게 느껴질 수 있지만 실제 원어민이 사용하는 영어에 노출하기 좋습니다.

I Will Never Not Ever Eat a Tomato
Lauren Child (2000)

오빠 Charlie가 음식을 가리는 동생 Lola를 위해 싫어하는 음식을 먹일 방법을 찾아냅니다. 상상력이 풍부한 스토리와 새로운 관점에서 생각하게 하는 것이 이 책의 가장 큰 매력입니다. 《Charlie and Lola》 애니메이션도 추천합니다.

Green Eggs and Ham
Dr. Seuss (1960)

초록 색깔의 계란 프라이와 햄을 권하는 친구와 그걸 거절하는 친구의 이야기입니다. 라임을 이용해 재미있는 말놀이처럼 구성되어 있습니다. 글밥과 페이지 수는 많지만 매우 간단하고 반복적인 단어, 라임으로 완성된 반복되는 문장이 독립적인 읽기 연습에 좋습니다.

Did you brush your teeth?
양치했어?

원어민 따라읽기

WEEK 05 CONVERSATION

Parent	Your breath smells a bit funky. Did you brush your teeth?❶	입에서 조금 이상한 냄새가 나네. 양치했어?
Child	No, not yet.	아니요, 아직이요.
Parent	Then let's go do❷ it now. Squeeze some toothpaste onto your toothbrush.	그렇다면 이제 하러 가자. 칫솔에 치약을 조금 짜.
Child	This much?	이만큼요?
Parent	That's perfect. First, open wide. A little wider, please. Let's brush your teeth up and down.❸	딱 좋네. 먼저, 입을 크게 벌려. 조금 더 크게 벌리렴. 위아래로 이를 닦자.
Child	Brush, brush, brush.	치카, 치카, 치카.
Parent	Next, let's brush from left to right. Don't forget to brush your tongue. Brush away that morning breath!❹	다음에, 왼쪽에서 오른쪽으로 닦자. 혀 닦는 거 잊지 마. 그 아침 입냄새를 다 닦아 버리자!
Child	Ptooey!	퉤!
Parent	Then gargle and rinse.❺ All done.❻ Now your teeth are sparkling clean.	그 다음에 물로 가시고 헹구자. 다 했다. 이제 이가 반짝반짝 깨끗하네.

1 your teeth

신체 부위는 대개 관사보다는 **my**, **your** 등의 소유격과 함께 사용합니다. 하지만 '하나'임을 강조할 때는 관사 **a/an**을 사용하고, '딱 그거'임을 강조할 때는 **the**를 사용합니다.

I brushed my teeth.   나는 이를 닦았어요.

I broke a tooth.   나는 이 하나를 부러뜨렸어요.

This is the tooth that fell out yesterday.   이게 어제 빠진 그 이예요.

I washed my hair.   나는 머리를 감았어.

There is a hair in my food.   음식에 머리카락이 하나 있어.

The movie made the hair on my skin stand.   영화는 피부의 털이 쭈뼛 서게 했어.

2 go do

보통 한 문장에 동사가 2개 있는 경우에는 동사와 동사 사이에 **and**를 사용합니다. 하지만 명령문에서 동사 **come**이나 **go**를 사용하는 경우에는 '가서 ~해', '와서 ~해'라는 의미로 두 행동이 이어지기 때문에 **and** 없이 사용하는 게 더 자연스럽습니다.

Go eat breakfast.   가서 아침을 먹어.

Go help your little brother.   가서 동생을 도와줘.

Come sit with me.   와서 나랑 같이 앉아.

Come try this with us.   와서 우리와 함께 이것을 해 봐.

Wash and rinse your hair.   머리카락을 감고 헹궈.

Talk and walk with me.   나와 함께 이야기하고 걸어.

3 up and down

영어로 방향은 어떻게 표현하는지 알아볼까요?

back and forth 앞뒤로
up and down 위아래로
side to side / left to right 양옆으로, 왼쪽에서 오른쪽으로
vertically 수직으로
horizontally 수평으로
diagonally 대각선으로
round and round 둥글게
in circles 둥글게, 원 모양으로

Brush your teeth in circles. 둥글게 이를 닦아.
Move your toothbrush back and forth. 칫솔을 앞뒤로 움직여.

morning breath

입에서 나는 고약한 냄새는 **bad breath**라고 부릅니다. 아침에 일어났을 때 입에서 나는 냄새는 **morning breath**라고 부르고요.

입에서 구린 냄새가 나는지 물을 때는 이렇게 표현합니다.

Does my breath smell bad? 나한테서 입냄새 나요?
Yes, your breath smells bad. 네, 입냄새 나요.
No, your breath doesn't smell bad. 아니요, 입냄새 나지 않아요.

Do I have bad breath? 나한테서 입냄새 나요?
Yes, you have bad breath. 네, 입냄새 나요.
No, you don't have bad breath. 아니요, 입냄새 나지 않아요.

⑤ gargle and rinse ━━━━━━━━━━━━━━

양치와 관련된 동사들은 무엇이 있을까요?

brush 솔질(비질/칫솔질)을 하다

Don't forget to brush your gums. 잇몸 닦는 거 잊지 마.

Remember to brush your molars. 어금니 닦는 거 기억해.

floss 치실을 하다

Floss your teeth every day. 매일 이에 치실을 해.

Floss before you brush your teeth. 양치하기 전에 치실을 해.

gargle 입안을 헹구다, 입을 가시다

Gargle the water before you spit it out. 물을 뱉기 전에 물로 입안을 헹궈.

Gargle this mouthwash for 30 seconds. 30초 동안 이 가글액으로 입을 헹궈.

rinse 헹구다

Rinse your mouth. 입을 헹궈.

Rinse with water twice. 물로 두 번 헹궈.

spit 뱉다

Spit out the mouthwash. 구강 청결제를 뱉어.

Spit it out in the sink. 싱크대에 뱉어.

swallow 삼키다

Don't swallow the toothpaste. 치약을 삼키지 마.

Be careful not to swallow it. 그걸 삼키지 않도록 조심해.

⑥ All done. ━━━━━━━━━━━━━━━━━

한국어의 "끝!"처럼 흔히 사용하는 표현입니다. 특히 아이들이 뭔가를 마쳤을 때 많이 사용합니다. Finished!도 같은 용도로 많이 사용합니다.

All done? 혹은 Finished?처럼 물음표를 이용해 의문문으로 사용하면 "다 끝났어?" 혹은 "다 했어?"라는 뜻이 됩니다.

Brush Your Teeth

by Super Simple Songs
https://www.youtube.com/watch?v=wCio_xVIgQ0

친근한 괴물들이 등장해서 올바른 양치법을 알려 주는 유익한 생활습관 동요입니다. 춤추는 치아와 칫솔들의 모습이 아이들의 흥미를 한층 더 유발합니다. 아이가 양치할 때 옆에서 노래를 불러 주면 길게 양치하는 습관을 만들 수 있습니다.

가사 소개
········

Brush your teeth to keep them white.   이를 하얗게 유지하기 위해 이를 닦아요.

Brush your teeth so your smile is bright.   당신의 미소가 밝아지도록 이를 닦아요.

Brush your teeth when the day's begun.   하루가 시작되면 이를 닦아요.

Tooth

Leslie Patricelli (2018)

첫 이가 나면서 아기는 이의 용도와 관리법을 배웁니다. 특히 양치질과 치실에 대해 배웁니다. 쉽고 짧은 문장에도 이야깃거리가 풍부하고 작가의 단어 선택과 표현력이 뛰어나서, 첫 영어책으로 다양한 연령에게 추천합니다.

Brush Your Teeth, Please: A Pop-up Book

Leslie McGuire / Jean Pidgeon (1993)

곰, 침팬지, 하마, 사자, 상어 등 친구들에게 양치질과 치실을 해 줄 수 있는 조작북입니다. 마지막 장에 거울이 붙어 있어서 아이들의 모방 심리를 이용해 양치에 흥미를 붙이기 좋습니다.

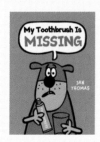

My Toothbrush Is Missing

Jan Thomas (2018)

강아지가 칫솔을 잃어버리자 당나귀, 양, 오리 등 친구들이 같이 찾아봅니다. 글이 말풍선으로 구성되어서 덜 부담되고, Jan Thomas 작가의 엉뚱한 유머, 단어 반복, 그리고 재미있는 캐릭터들이 아이들에게 큰 웃음을 줍니다.

How to Brush Your Teeth with Snappy Croc

Jane Clarke / Georgie Birkett (2015)

유아 생활 습관 시리즈 중 한 권이고, 사랑스러운 동물 캐릭터와 유쾌한 운율을 지닌 텍스트가 눈에 띕니다. 같은 시리즈로 《How to Feed Your Cheeky Monkey》, 《How to Bath Your Little Dinosaur》, 《How to Tuck in Your Sleepy Lion》도 있습니다.

Go wash your face.

가서 세수해.

 원어민 따라읽기

WEEK 06 CONVERSATION

Parent	There's dirt and grime on your cheeks, sweetie.❶ Go wash your face with soap and warm water.	볼에 흙과 때가 묻어 있구나, 아가야. 가서 비누와 따뜻한 물로 세수해.
Child	Okay.	네.
Parent	Roll up your sleeves,❷ please. Don't get them wet.	소매를 말아 올리렴. 소매가 젖지 않도록 해.
Child	Okey dokey.❸	네.
Parent	Wash your face nice and clean. Lather up.	얼굴을 아주 깨끗이 씻어. 비누칠해서 거품을 내렴.
Child	Scrubbly bubbly, bubbly scrubbly.	문질문질 방울방울, 방울방울 문질문질.
Parent	You missed a spot. I'll wipe it for you. There you go.	한 군데 빠뜨렸네. 내가 닦아 줄게. 됐다.
Child	Yay!❹ Now my face is nice and clean.❺	야호! 이제 얼굴이 아주 깨끗해졌어요.
Parent	Please blow your nose❻ and rinse your hands. Here's a fresh towel for you.	코를 풀고 손을 헹구렴. 여기 (너에게 줄) 새 수건이야.

sweetie

미국 사람들은 애칭을 유난히 많이 사용합니다. 이름을 줄여 부르는 닉네임도 많이 사용하고, 이름과 상관없이 사용할 수 있는 애칭도 있죠.

Alex, **Bill**, **Cat**처럼 이름을 줄여서 부르는 닉네임은 첫 글자를 대문자로 쓰지만, '귀염둥이' 같은 애정 표현은 소문자로 씁니다. (물론 문장의 처음에 위치할 때는 대문자로 씁니다.)

이름을 줄여 부르는 닉네임 (대문자 사용)

이름	닉네임
Alexander	Al, Alex, Lex, Xan, Xander
Catherine	Cat, Cathy, Kate, Katie, Kitty
Elizabeth	Beth, Eliza, Liz, Liza, Lizzy
Michael	Mick, Mickey, Mike, Mitch, Mitt
Rebecca	Becca, Becky, Reb, Reba, Ree
William	Bill, Billy, Liam, Will, Willie

이름과 상관없이 사용하는 애칭 (소문자 사용)

angel 천사

babe, baby 아가

bud, buddy 친구

cookie, cupcake, muffin 쿠키, 컵케이크, 머핀

cutie, cutie pie 귀염둥이

honey, honey bunny, hun 여보, 달콤이, 아가

junior 꼬맹이(아들만 사용)

kiddo 아이

munchkin 꼬맹이

pookie 꼬맹이

princess 공주님

sugar 달콤이

sunshine 햇살이

sweetheart, sweetie 달콤이, 아가

② Roll up your sleeves

'동사 + 전치사' 구조로 이루어지는 '구동사(**phrasal verbs**)'는 목적어의 위치가 두 가지 있습니다. '동사 + 전치사 + 목적어'와 '동사 + 목적어 + 전치사', 둘 다 가능합니다.

> Push up your sleeves. / Push your sleeves up.   소매를 밀어 올려.
> Roll up your sleeves. / Roll your sleeves up.   소매를 말아 올려.

목적어가 대명사인 경우에는 '동사 + 대명사 목적어 + 전치사'만 가능합니다.

> Roll up it. (X)
> Roll it up. (O)   그거 말아 올려.

③ Okey dokey.

okey dokey는 **okay**와 같은 뜻을 가진 말입니다. 이처럼 영어에서는 한국어와 마찬가지로 소리를 반복하여 재미난 단어들이 만들어집니다. 이를 '첩어(**reduplication**)'라고 합니다.

Exact Reduplication (단순 반복)	blah blah 어쩌고저쩌고 bling bling 화려하고 값비싼 치장 boo boo 상처, 멍 bye bye 안녕, 잘 가 choo choo 칙칙폭폭	chop chop 빨리빨리 knock knock 똑똑 night night 잘 자 no no 해서는 안 되는 행동 so so 그저 그런
Rhyming Reduplication (라임 반복)	abra cadabra 주문 외우는 소리 dilly dally 꾸물거리다 hocus pocus 주문 외우는 소리 itsy bitsy 아주 작은 lovey dovey 달콤한	nitty gritty 핵심 super duper 기막히게 좋은 teeny weeny 아주 작은 topsy turvy 뒤죽박죽인 walkie talkie 휴대용 무전기
Ablaut Reduplication (모음 변화 반복)	chit chat 수다 ding dong 딩동(소리) hip hop 힙합 음악 knick knack 작은 장식품 mish mash 뒤죽박죽 섞인 것	ping pong 탁구, 주고받기 pitter patter 후드득, 후닥닥 tick tock 똑딱똑딱 tip top 최고의, 최상의 zigzag 지그재그

dilly dally와 **dilly-dally**처럼 복합어(**compound word**)는 하이픈(-)과 같이 사용하는 경우가 많고, 하이픈 없이 사용하는 경우도 많습니다. 일부 단어는 하이픈과 쓰는 게 정해져 있지만 일부는 선택적으로 사용합니다.

④ ## Yay! ━━━━━━━━━━━━━━━━━━━━━━━━━━

Yay!는 "야호!", "아싸!"처럼 기분 좋을 때 내는 소리입니다. 이와 비슷한 감탄사들을 소개합니다.

Hurray! / Hooray! I did it! 만세! 내가 해냈어요!

Huzzah! I can do it! 만세! 나는 할 수 있어요!

Whoopee! I feel better. 아싸! 나는 한결 나아졌어요.

Yippee! We won! 아싸! 우리가 이겼어요!

Yahoo! I got it. 야호! 내가 해냈어요.

⑤ ## nice and clean ━━━━━━━━━━━━━━━━━━━━

어떤 긍정적인 상태를 강조하고 싶을 때 'nice and+형용사'로 표현할 수 있습니다. '아주 ~한' 혹은 '만족스러울 정도로 ~한'이라는 뜻입니다.

nice and clean 아주 깨끗한

My house is nice and clean. 우리 집은 아주 깨끗해요.

nice and cool 아주 시원한

The weather is nice and cool. 날씨가 아주 시원해요.

nice and easy 아주 살살

Put the flower pot down nice and easy. 화분을 아주 살살 내려놓으세요.

nice and hot 아주 뜨거운, 따끈따끈한

The soup is nice and hot. 수프가 아주 따끈따끈해요.

nice and quiet 아주 조용한

The library is always nice and quiet. 도서관은 항상 아주 조용해요.

6 blow your nose

blow your nose(코를 풀어)처럼 아이가 세수할 때 같이 사용할 수 있는 표현들을 더 알아봅니다.

Be careful around your eyes. 눈 주위를 조심해.

Dry your face with a towel. 수건으로 얼굴을 말려.

Lather up. 비누칠해서 거품을 내.

Rinse your face with water. 물로 얼굴을 헹궈.

Scrub your ears. 귀를 문질러 씻어.

Wash away your saliva. 침을 씻어 내.

Wash every nook and cranny. 구석구석 다 씻어.

Wipe off your eye booger/gunk. 눈곱을 닦아 내.

Wipe the corners of your mouth. 입가를 닦아.

Wipe your booger. 코딱지를 닦아.

WEEK 06 SONG OF THE WEEK

Wash Your Face and Hands Song

by Peppa Pig Nursery Rhymes
https://www.youtube.com/watch?v=swtSoNqmJTk

잘 알려진 동요 <Row, Row, Row Your Boat>의 멜로디를 가져와 만든 노래입니다. 아이들이 좋아하는 **Peppa Pig**, **George Pig** 캐릭터와 함께 세수하기, 손 씻기, 이 닦기 등 위생에 관한 내용과 옷 입기 등을 다룹니다. 영상에서는 애니메이션과 라이브 액션이 섞여 있습니다.

가사소개

It's a lovely, sunny day. 아름답고 화창한 날이에요.

If we want to play outside, we must get ready. 밖에서 놀고 싶다면, 준비를 해야 해요.

That's very good, George. 아주 잘 했어요, 조지.

Wash, Wash, Wash!

Pamela Chanko (2018)

아기들에게 손을 씻는 방법과 중요성을 알려 주는 책입니다. 《Rookie Toddler》 시리즈 중 한 권으로, 흥미진진한 사진과 일러스트를 통해 영유아들이 좋은 생활 습관을 갖도록 도움을 줍니다.

I Don't Want to Wash My Hands!

Tony Ross (2003)

밖에서 놀고 오거나 강아지와 놀고 난 뒤, 또 화장실을 다녀오거나 재채기를 하고 난 뒤, 그럴 때마다 어른들은 꼬마 공주에게 손을 씻어야 한다고 말합니다. 처음에는 귀찮았지만 몸을 아프게 하는 'germs and nasties(세균과 불결한 것들)'라고 하는 끔찍한 것에 대해 알게 되면서 위생의 중요성에 대해 배웁니다.

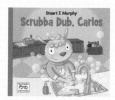

Scrubba Dub, Carlos

Stuart J. Murphy (2013)

Carlos는 진흙에서 놀기, 클레이 놀이, 그리고 분필로 그림 그리기를 좋아하지만 손 씻는 건 좋아하지 않습니다. 친구들의 도움과 선생님의 지도로 Carlos는 씻는 것이 얼마나 쉽고 재미있는지 배웁니다.

Wash Your Hands, Mr Panda

Steve Antony (2021)

Mr Panda는 친구들이랑 도넛을 나눠 먹으려고 하는데 먼저 모두에게 손을 씻고 오라고 합니다. 안 씻어도 된다고 불평하는 친구들에게 Mr Panda는 손 씻기와 좋은 위생 습관에 대해 가르칩니다. 가볍고 부드러운 유머로 인기 있는 《Mr Panda》 시리즈 중 한 권입니다.

How's the weather today?
오늘 날씨 어때?

원어민 따라읽기

WEEK 07 CONVERSATION

Parent	How's the weather today?	오늘 날씨 어때?
Child	I'm not sure.❶	잘 모르겠어요.
Parent	Could you look outside for me?	(나 대신) 밖을 봐 줄 수 있어?
Child	Uh-huh.❷	네.
Parent	Is it sunny today?	오늘 날씨가 맑아?
Child	Uh-uh.❷ It's cloudy.❸	아니요. 흐려요.
Parent	Hmm... it looks dusty too. Let me double-check on my phone. The forecast says the air quality❹ is poor today.	음… 칙칙해 보이기도 하네. 휴대폰으로 다시 확인해 볼게. 예보에서 오늘 공기질이 안 좋다고 하네.
Child	Oh no! We'll have to wear masks.	오, 안 돼! 마스크를 써야 하잖아요.
Parent	Yes, and it's going to rain this afternoon. We should put on our masks and rainboots❺ when we go out❻ later.	맞아, 그리고 오늘 오후에 비가 올 거야. 나중에 외출할 때 마스크 쓰고 장화 신어야겠다.

1 I'm not sure.

I'm not sure.(잘 모르겠어요.)는 편한 사람들 사이에서 이처럼 여러 가지로 표현할 수 있습니다.

> Beats me. 난 몰라.
>
> I don't know. 모르겠어.
>
> I have no idea. 전혀 모르겠어.
>
> Who knows? 글쎄.

2 Uh-huh.와 Uh-uh.

편한 사이에 긍정의 답변 yes를 표현하는 방법	편한 사이에 부정의 답변 no를 표현하는 방법
mhm 응	naw / nah 아니
uh-huh 으응	no way 절대 안 돼
yeah 응	nope 아니
yep / yup 어	uh-uh / nuh-uh 아니 아니

3 It's cloudy.

비인칭 주어 it은 날씨, 온도, 계절, 시간, 요일, 날짜, 명암, 그리고 거리를 나타낼 때 사용해요.
한국어로 해석할 때 it은 따로 번역하지 않습니다.

날씨	It is sunny.	화창해요.
온도	It is 19 degrees.	19도예요.
계절	It is spring.	봄이에요.
시간	It is five o'clock.	5시예요.
요일	It is Friday.	금요일이에요.
날짜	It is April 19th.	4월 19일이에요.
명암	It is dark.	어두워요.
거리	It is 1 kilometer away.	1킬로미터 떨어져 있어요.

air quality

미세먼지와 관련된 용어를 배워 봅시다.

air pollution 대기 오염

Let's stay indoors today because of the air pollution.
대기오염 때문에 오늘은 실내에 머물도록 하자.

air purifier 공기 청정기

I turned on the air purifier. 공기 청정기를 켰어.

air quality 공기질

How is the air quality right now? 지금 공기질이 어때?

fine dust advisory 미세먼지 주의보

A fine dust advisory was issued for Gyeonggi Province today.
오늘 경기도에 미세먼지 주의보가 내려졌어.

fine dust forecast 미세먼지 예보

I have a fine dust forecast app on my phone.
내 전화기에 미세먼지 예보 앱이 있어.

yellow dust 황사

There was a yellow dust storm yesterday.   어제 황사 폭풍이 발생했어.

⑤ ▶ We should put on our masks and rainboots —

날씨에 따라 아이들의 옷차림이나 준비물 등 외출 준비가 달라지지요. 날씨별로 옷 입을 때 아이들에게 단단히 일러두어야 할 말들을 정리해 봤습니다.

cold/chilly/windy 추운/쌀쌀한/바람 부는

We should dress warmly.   따뜻하게 입어야겠어.

We should put on jackets.   재킷을 입어야겠어.

We should put on long underwear.   내복을 입어야겠어.

We should put on multiple layers.   여러 겹으로 옷을 입어야겠어.

We should put on thick/heavy clothes.   두꺼운 옷을 입어야겠어.

hot/sunny/warm 더운/화창한, 맑은/따뜻한

We should pack a water bottle.   물병을 챙겨야겠어.

We should put on hats.   모자를 써야겠어.

We should put on shorts and T-shirts.   반바지와 티셔츠를 입어야겠어.

We should put on sunscreen.   선크림을 발라야겠어.

We should put on thin/light clothes.   얇은/가벼운 옷을 입어야겠어.

We should wear sandals.   샌들을 신어야겠어.

rainy 비 오는

We should take an umbrella.   우산을 가져가야겠어.

We should put on rainboots.   장화를 신어야겠어.

We should put on raincoats.   우비를 입어야겠어.

snowy 눈이 오는

We should put on snow boots.   겨울 부츠를 신어야겠어.

We should put on scarves and mittens.   목도리를 두르고 장갑을 껴야겠어.

6 go out ──────────

'외출하다'는 영어로 **go out**, **go outside**이고 '밖으로 나가지 않고 집에 있다'는 **stay home**, **stay in**, **stay indoors**라고 합니다.

go out / go outside	외출하다
stay home / stay in / stay indoors	(밖으로 나가지 않고) 집에 있다

I stayed in all weekend. 나는 주말 내내 집에 있었어요.

I haven't gone outside all day. 나는 하루 종일 외출 안 했어요.

WEEK 07 SONG OF THE WEEK

How's the Weather?

by Super Simple Songs
https://www.youtube.com/watch?v=rD6FRDd9Hew

아침에 일어나 밖을 내다보면서 오늘 날씨를 확인할 때 사용할 만한 표현들을 배울 수 있는 노래입니다. 가사 속의 **sunny**, **rainy**, **cloudy**, **snowy** 대신 앞에서 다룬 **hot**, **warm**, **chilly**, **cold** 등 날씨 관련한 다른 형용사들도 활용해 볼 수 있습니다.

가사소개

How's the weather today? 오늘 날씨 어때요?

Is it sunny? 맑아요?

Let's look outside! 밖을 내다봐요!

Hello, World! Weather

Jill McDonald (2016)

쉬운 단어와 밝고 유쾌한 그림으로 날씨를 소개합니다. Look out the window., Can you hear the wind?처럼 아이와 함께 할 행동을 제시하고, 구름, 바람, 무지개 등 간단한 과학적 사실과 날씨에 따른 옷차림도 알려 줍니다.

Elmer's Weather

David McKee (1994)

알록달록한 무지개 코끼리 Elmer는 비가 오거나 해가 쨍쨍하거나 날씨에 상관없이 언제나 재미있게 놉니다. Elmer처럼 날씨에 따라 할 수 있는 재미난 놀이를 아이와 함께 찾아볼 수 있고, 두툼한 보드북이라 아이가 책장을 넘기며 읽기에 좋습니다.

Maisy's Wonderful Weather Book

Lucy Cousins (2006)

다양한 날씨와 그 날씨에 입기 적절한 옷을 설명하는 예쁜 조작북입니다. 《A Maisy First Science Book》 시리즈 중 한 권입니다. Maisy 시리즈는 전반적으로 난이도가 낮고 일상생활을 다룬 내용이라서 영어 입문용으로 추천합니다.

The Weather Girls

Aki (2018)

Weather Girls들은 여름부터 봄까지 날씨에 따라 수영을 하고, 공기 맑은 녹색 숲을 탐험하고, 단풍잎을 밟고, 눈 덮인 산을 올라가고 꽃이 핀 들판을 뛰어다닙니다. 활기에 찬 16명의 친구들과 함께 사계절을 통해 다양한 날씨를 경험합니다. 후속작으로 《The Nature Girls》도 있습니다.

What do you want to wear?

뭐 입고 싶어?

원어민 따라읽기

WEEK 08 CONVERSATION

Parent	Let's get dressed❶ now.	이제 옷 입자.
	What do you want to wear?❷	뭐 입고 싶어?
Child	I want to wear my robot T-shirt.	로봇 티셔츠를 입고 싶어요.
Parent	It's chilly outside.	밖에 쌀쌀해.
	How about your dinosaur sweater instead?	대신 공룡 스웨터는 어때?
Child	Okay. I'll go get it.	네. 가지러 갈게요.
Parent	While you're at it, pick out some matching pants❸ and socks, too.	그거 하는 김에, 어울리는 바지랑 양말도 골라.
Child	Okey dokey.	네.
	I'll get my sweater, pants, and socks.	스웨터, 바지, 그리고 양말 가져올게요.
Parent	Can you put them on by yourself?❹	혼자서 입을 수 있어?
Child	I need help with the zipper.	지퍼 잠그는 데 도움이 필요해요.
Parent	[closes zipper]	[지퍼를 닫는다]
	There you go.	됐다.
	We are good to go❺ now.	이제 우리 가도 되겠네.

1 get dressed

'옷을 입다'를 뜻하는 다양한 표현들이 있습니다.

put on clothes	옷을 안 입고 있는 상태에서 옷을 입다
get changed	옷 입고 있는 상태에서 다른 옷으로 갈아입다
get dressed	편한 옷을 입은 상태에서 외출이나 특정 목적을 위해 갈아입다 (예: 잠옷에서 외출복으로, 사복에서 유니폼으로 갈아입다)

Put on your coat. It's cold outside. 외투를 입어. 밖에 추워.

I changed into some clean clothes. 나는 깨끗한 옷으로 갈아입었어.

Get dressed before the guest arrives. 손님이 도착하기 전에 옷 갈아입어.

2 wear

wear와 put on은 둘 다 한국어로 '옷을 입다'로 해석되지만 영어로는 뉘앙스가 다릅니다. wear는 옷을 입고 있는 '상태'를 가리키고 put on은 옷을 입는 '동작'을 말합니다. 사람들이 자주 실수하는 부분이라 특별히 주의할 필요가 있습니다.

wear	입다(옷을 입은 상태)
put on	입다(옷을 입는 동작)

I am wearing a red coat. 나는 빨간 코트를 입고 있어요.(상태)

I am putting on a red coat. 나는 빨간 코트를 입고 있어요.(동작)

참고로 한국어에서는 옷은 '입다', 신발은 '신다', 안경은 '쓰다' 등 몸에 착용하는 것에 따라 사용하는 동사가 다르지만, 영어에서는 모두 **wear**나 **put on**을 이용하여 표현합니다.

입다	I wear a uniform everyday. 나는 매일 유니폼을 입어요.
	I put on my uniform at work. 나는 직장에서 유니폼을 입어요.
신다	I wear boots in the winter. 나는 겨울에 부츠를 신어요.
	I put on my boots quietly. 나는 조용히 부츠를 신어요.
쓰다	I wear glasses at night. 나는 밤에 안경을 써요.
	I put on my glasses just now. 나는 방금 안경을 썼어요.

3 pants

pants처럼 복수형으로만 존재하는 명사를 **plural only noun**이라고 합니다. 주로 옷이나 도구에서 흔히 볼 수 있습니다.

Plural Only Noun(복수로만 사용되는 명사)

Clothing 옷	안경류	glasses 안경, goggles 고글, sunglasses 선글라스
	속옷	boxers 사각팬티, briefs 남성 팬티, panties 여성 팬티
	바지	jeans 청바지, leggings 레깅스, pants 바지, shorts 반바지, slacks 바지, tights 타이츠
Tools 도구		binoculars 쌍안경, headphones 헤드폰, pliers 펜치, scissors 가위, tongs 집게, tweezers 핀셋
-ing로 끝나는 명사		belongings 소유물, earnings 소득, findings 결과, savings 저축, surroundings 환경, tidings 소식, winnings 상금
Other 그 외		arms 무기, clothes 옷, congratulations 축하, thanks 감사, outskirts 변두리/교외, riches 재물

plural only noun을 사용할 때 주어와 동사의 수 일치에 주의하세요.

그녀의 청바지는 비싸요.

Her blue jeans is expensive. (X)

Her blue jeans are expensive. (O)

plural only noun은 정관사 the와 함께 사용할 수 있지만, 부정관사 a나 one과 사용할 수는 없습니다. 옷이 복수명사인 경우 흔히 some이나 a pair of와 같이 사용합니다. 이외에 소유격, 정관사, 지시대명사, 숫자 등과 함께 사용할 수도 있습니다.

나는 어제 반바지 샀어요.

I bought a shorts yesterday. (X)

I bought one shorts yesterday. (X)

I bought shorts yesterday. (O)

I bought the shorts yesterday. (O)

I bought some shorts yesterday. (O)

I bought a pair of shorts yesterday. (O)

4 Can you put them on by yourself? ━━━━

아이들이 스스로 옷을 입다 보면 잘못 입게 되는 경우가 많지요. 그럴 때 사용할 수 있는 유용한 표현들을 알아봅니다.

옷을 뒤집어 입었을 때

Your shirt is inside out. 셔츠가 뒤집어져 있어.

You put on your shirt inside out. 셔츠를 뒤집어서 입었어.

Let's flip / turn it right side out. 똑바로 뒤집자.

옷을 거꾸로 입었을 때

Your pants are on backwards. 바지가 거꾸로 되어 있어.

You put on your pants backwards. 바지를 거꾸로 입었어.

Let's turn them around. 돌려보자.

단추를 잘못 꼈을 때

Your vest buttons are off. 조끼 단추가 잘못 채워졌어.

You buttoned up your vest incorrectly. 조끼 단추를 잘못 잠갔어.

Let's unbutton them and try again. 단추를 풀고 다시 시도해 보자.

신발, 양말을 잘못 신었을 때

Your shoes are on the wrong feet. 신발을 잘못 신었어.

Let's switch them. 바꿔 보자.

장갑, 양말이 짝짝이일 때

Your gloves don't match. 장갑이 짝짝이야.

Your socks are mismatched. 양말이 짝짝이야.

Let's find its match. 맞는 짝을 찾아보자.

바지가 흘러내릴 때

Your pants are falling down. 바지가 흘러내리고 있어.

Pull up your pants. 바지를 올려.

Let's adjust your belt. 벨트를 조절하자.

⑤ good to go

관용 표현 **good to go**는 '준비가 끝났으니, 혹은 검증이 완료됐으니 이제 가도 된다'라는 의미입니다. 회사, 군대, 운동 모임 같은 단체 활동에서 많이 사용하는 표현입니다.

Am I good to go? (검증이 완료됐으면) 가도 될까요?

Yes, you are good to go. 네, 가도 됩니다.

WEEK 08 SONG OF THE WEEK

Let's Get Dressed

by The Kiboomers

https://www.youtube.com/watch?v=0AVh6StYLq8

기린, 개구리, 곰, 이 세 친구가 밖에 놀러 나가기 위해 옷을 입는 방법을 자세히, 순서대로 알려 주는 동요입니다. 양말부터, 바지, 티셔츠, 신발, 외투까지 차분하고 반복적인 멜로디로 노래를 부릅니다.

가사소개

It's a brand new day. 새로운 날이에요.

Everybody, put your socks on. 여러분, 양말을 신어요.

Let's do it this way. 이렇게 해 봅시다.

Blue Hat, Green Hat

Sandra Boynton (1982)

여러 동물 친구들이 옷을 입고 있습니다. 다들 잘 입는데 칠면조만 뭔가 이상합니다. 모자를 발에 신고, 셔츠를 다리에 걸칩니다. 글밥이 매우 적고 글의 라임과 리듬도 간단하지만 유머러스한 그림과 위트 넘치는 스토리로 색깔과 옷 관련한 영단어를 배울 수 있습니다.

Froggy Gets Dressed

Jonathan London / Frank Remkiewicz (1992)

어린 개구리가 눈밭에서 놀기 위해 옷을 하나하나 입어요. 옷을 입을 때 재미있는 의성어를 익히고, 반복적인 문장을 통해 다양한 옷 이름을 배울 수 있습니다. 옷을 따뜻하게 입으라고 계속 잔소리하는 엄마 개구리의 모습에서 많은 부모님들이 공감할 것입니다.

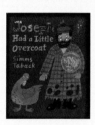

Joseph Had a Little Overcoat

Simms Taback (1999)

농부 Joseph은 외투가 낡고 초라해지자 잘라서 재킷으로 만듭니다. 그 재킷이 낡아지자 또 잘라서 조끼를 만들어요. 장면마다 옷 모양대로 구멍을 뚫어서 책장을 넘길 때 Joseph이 이번에는 어떤 옷을 만들까 추측해 보는 재미가 있습니다.

Ella Sarah Gets Dressed

Margaret Chodos-Irvine (2003)

엄마, 아빠, 혹은 언니가 좋아하는 옷이 아니라 자신이 원하는 옷을 찾는 아이의 이야기입니다. Ella Sarah라고 이름이 두 개나 있는 만큼 개성 넘치는 주인공은 독립심 강한 아이들이 특별히 공감하며 좋아합니다.

미국엄마와 함께하는
리얼 엄마표 영어

2장

School

| 어린이집/유치원/학교 |

You're going to be late for school.
학교 늦겠다.

원어민 따라읽기

WEEK 09 CONVERSATION

Parent	We need to go to school now. There's no time to dilly-dally.	우리 지금 학교 가야 해. 꾸물거릴 시간이 없어.
Child	But I want to play more. Pretty please.❶	근데 나는 더 놀고 싶어요. 제발이요.
Parent	You can play more after school. Hurry up, or else❷ you're going to be late!	방과 후에 더 놀 수 있어. 서둘러, 그렇지 않으면 늦겠다!
Child	All right.	알았어요.
Parent	Go get your backpack and water bottle.	가서 백팩이랑 물통 가져와.
Child	I got them.❸	가져왔어요.
Parent	Did you pack everything you need?	필요한 것 다 챙겼어?
Child	Yes, I did.	네, 했어요.
Parent	Then put on❹ your jacket and your shoes. Let's go outside.❺ We don't want to miss the bus.	그럼 재킷 입고 신발 신어. 밖으로 나가자. 버스를 놓치고 싶지 않아.

❶ Pretty please.

뭔가를 애교스럽게 부탁할 때 **Pretty please.**를 사용합니다. 여기서 **pretty**는 '예쁘다'가 아니고 '상당히'라는 뜻입니다. **You are pretty tall.**(너 키가 상당히 크구나.)의 경우를 보면 알 수 있지요. 따라서 **pretty**는 **please**(제발)를 강조하면서 정말 원한다는 것을 표현하는 것입니다.

그렇다면 이건 또 무슨 말일까요?

> Pretty please with sugar on top.
> Pretty please with a cherry on top.

Pretty please.는 종종 이렇게 길게도 표현하는데, 둘 다 "제발 부탁이에요."라는 뜻입니다. 평범한 아이스크림에 설탕 가루를 뿌리거나 체리를 올려 장식해 놓으면 특별하고 멋진 아이스크림이 되지요. 이처럼 더욱 특별히 부탁할 때 사용합니다.

> May I eat some cake? Pretty please with sugar on top.
> 내가 케이크 먹어도 돼요? 제발 부탁이에요.

> Could you buy me that toy? Pretty please with a cherry on top.
> 나한테 그 장난감 사 줄 수 있어요? 제발 부탁이에요.

❷ or else

'**or else**+절'은 '그렇지 않으면 ~할 거예요'라고 말할 때 사용합니다.

> Eat up, or else you will be hungry.　다 먹어, 그렇지 않으면 배고플 거야.
> Hurry up, or else you will be late.　서둘러, 그렇지 않으면 늦을 거야.

그런데 단순히 **or else**만 사용한다면 그건 협박 혹은 경고를 뜻하는 것입니다. "안 그랬다간 두고 보자."는 뜻입니다.

> Eat up, or else!　다 먹어, 안 그랬다간 두고 보자!
> Hurry up, or else!　서둘러, 그렇지 않으면 두고 보자!

③ got them ─────────────────────────

대명사는 그대로 온전히 발음하는 경우가 많지만, 빠르게 말할 때는 생략해서 발음합니다. 예를 들면 **got them**은 got 'em으로 축약할 수 있습니다. 다른 축약형도 살펴보도록 합니다.

he = 'e	Does 'e like tennis? 그는 테니스를 좋아해?
him = 'im	I can't see 'im. 나는 그를 볼 수 없어.
his = 'iz	What's 'iz name? 그의 이름은 뭐야?
her = 'er	You may bring 'er. 그녀를 데려와도 돼.
them = 'em	Give 'em the book. 그들에게 책을 줘.

④ put on ─────────────────────────

북미식 발음에서는 **t**와 **d** 앞에 강세 모음이 있고 뒤에 약모음이 오면, 혀의 윗부분이 입의 윗부분에 매우 빠르게 부딪치기 때문에 [t]와 [d] 소리 대신 [ㄹ] 소리가 나게 됩니다. 이를 'flapped t(굴리는 소리 t)' 혹은 'flapped d(굴리는 소리 d)'라고 부릅니다. 그래서 **put on**은 [put aan]*으로 발음합니다.

letter = [leh·tr]
water = [waa·tr]
data = [da·tuh]
rider = [rai·dr]

* 영어사전에서 볼 수 있는 발음기호는 국제음성기호(International Phonetic Alphabet)에 기반한 것입니다. 그런데 가끔 표제어 옆에 실제 음성을 표기할 때 국제음성기호와는 다른 기호를 쓰는 경우가 있습니다. 이를 pronunciation respelling 또는 phonetic respelling이라고 하는데, 좀 더 직관적이고 음절이 살아 있는 발음 표시법으로, 미국에서는 사전과 교과서에서도 종종 볼 수 있습니다.

아래 단어들은 **tt**와 **dd**를 유사하게 발음합니다.

> latter(후자의) = ladder(사다리)
>
> putting(넣고 있는) = pudding(푸딩)

단어뿐 아니라 문장에서 빨리 말할 때도 해당됩니다. 한 단어가 '**t/d**'로 끝나고 바로 다음 단어에 강세 모음이 있는 경우 [t]와 [d] 소리를 [ㄹ]로 굴립니다.

What are you doing? = [Wuh ꞇaar yoo doo·uhng]
뭐 하고 있어?

He invited us to dinner. = [Hee uhn·vai·ꞇuh đuhs tuh di·nr]
그는 우리를 저녁 식사에 초대했어.

I'd like a bit of better butter. = [Ide laik uh bi ꞇuv beh·tr buh·tr]
더 좋은 버터를 주렴.

⑤ Let's go outside.

사람들은 **Let's go to outside.** 혹은 **Let's go to home.** 처럼 **to**를 붙여 말하는 실수를 자주 합니다. **to**는 전치사라서 명사(목적어)와 같이 사용하고, **outside**나 **home** 같은 부사와는 같이 사용하지 않습니다.

참고로 **home**은 '집'이라는 뜻의 명사이기도 하고 '집에', '집으로'라는 뜻의 부사이기도 합니다. 명사로 쓰일 때 **home** 같은 단수 명사는 한정사(관사, 소유격, 숫자 등)와 같이 쓰이기 때문에 **home** 앞에 한정사가 있으면 명사이고, 한정사가 없으면 부사입니다.

부사 앞에 to를 사용하지 않습니다 : go + 부사

Let's go home.   집으로 가자.

Let's go in.   안으로 들어가자.

Let's go there.   거기로 가자.

명사 앞에 to를 사용합니다 : go + to + 한정사 + 명사

Let's go to his home.　그의 집으로 가자.

Let's go to the park.　공원으로 가자.

Let's go to the store.　가게로 가자.

Put on Your Shoes

by Super Simple Songs

https://www.youtube.com/watch?v=-jBfb33_KHU

외출 준비를 어떻게 하는지 알려 주는 동요입니다. 아이는 외출하기 전에 신발을 신고, 재킷을 입고, 목도리를 두르고, 모자를 쓰고 나서 밖으로 나갑니다. 기다리는 가족을 위해 아이가 준비를 서두르는 모습이 귀엽습니다. **Hurry up. Hurry up.** 이 부분의 노랫말과 멜로디가 재미있고 중독성 있어서 즐겁게 따라 부를 수 있습니다.

가사소개

Put on your shoes.　신발 신어요.

Let's go outside.　밖으로 나가요.

Hurry up. Hurry up.　서둘러요. 서둘러요.

Time for School, Mouse!

Laura Numeroff / Felicia Bond (2008)

생쥐가 등원하려고 가방, 공책, 연필 그리고 숙제를 여기저기 찾아봅니다. 그 과정에서 잃어버렸던 곰인형, 크레용, 쿠키, 놀잇감 등을 찾아 잠시 한눈파는 모습이 우리 아이들과 비슷합니다. 《If You Give a Mouse a Cookie》 시리즈 중 한 편입니다.

The Pigeon Has to Go to School!

Mo Willems (2019)

학교에 가기 두려운 비둘기는 핑계가 많습니다. 재미없을까 봐, 선생님이 비둘기를 싫어할까 봐, 너무 많은 것을 배울까 봐, 가방이 너무 무거울까 봐 등등 여러 가지 엉뚱한 걱정을 합니다. Mo Willems 작가의 《Pigeon》 시리즈 중 한 편입니다.

Alphabet Adventure

Audrey Wood / Bruce Wood (2001)

꼬마 소문자 알파벳들이 학교에 갈 준비를 하는데 소문자 i가 물에 빠져 점을 잃어버립니다. 완전한 알파벳이 되어야만 학교에 갈 수 있기 때문에 모두 나서서 i의 점을 찾아봅니다. 후속작 《Alphabet Mystery》, 《Alphabet Rescue》도 추천합니다.

John Patrick Norman McHennessy: The Boy Who Was Always Late

John Burningham (1987)

학교 가는 길에 이상한 일들이 일어나서 John은 매일 지각을 합니다. 하지만 권위적인 선생님은 John의 말을 믿어 주지 않고 벌을 줍니다. 매번 억울하게 벌을 받던 어느 날, 선생님에게도 이상한 일이 벌어지고…. 독자들은 이때 통쾌함을 느낄 수 있습니다.

See you later, alligator.
나중에 봐요, 악어야.

원어민 따라읽기

WEEK 10 CONVERSATION

Parent	Let's get moving.❶ The elevator❷ is here.	우리 어서 이동하자. 엘리베이터가 왔다.
Child	I see the school bus! I'd better run!	스쿨버스가 보여요! 뛰어가야겠어요!
Parent	Wait! Don't forget what we talked about last time. Remember to keep your hands to yourself.❸	잠깐만! 지난번에 말한 거 잊지 마. 다른 사람 건드리면 안 된다는 걸 기억해.
Child	I will try my best.	최선을 다해 볼게요.
Parent	Make sure to eat all of your lunch.❹ Also, listen to your teachers.	점심 다 먹도록 해. 그리고, 선생님들 말씀 잘 들어.
Child	I need to go now! Goodbye!❺	이제 가야 해요! 안녕!
Parent	Give me a kiss before you go. Have fun at school.	가기 전에 뽀뽀해 줘. 학교에서 재미있게 보내.
Child	Okay, I will. See you later, alligator.❻	네, 그럴게요. 나중에 봐요, 악어야.
Parent	Bye-bye, butterfly.	안녕, 나비야.

1 Let's get moving.

Let's get moving.은 "우리 어서 이동하자." 혹은 "서둘러."라는 뜻이 있습니다. 흔히 사용하는 **Hurry up.** 대신 말할 수 있습니다. 비슷한 표현들을 더 알아볼까요?

Chop chop.   빨리빨리.

Come on.   어서, 서둘러.

Don't dawdle.   미적거리지 마.

Let's get going.   우리 어서 가자.

Move it.   움직여. 서둘러.

Step on it.   (액셀 페달을 밟듯이) 서둘러.

There's no time to dilly-dally.   꾸물거릴 시간이 없어.

There's no time to lose.   (잃을) 시간이 없어. 서둘러.

The clock is ticking.   시간이 가고 있어.

We're running out of time.   시간이 다 됐어.

2 elevator

건물의 층을 말할 때 1층, 2층, 3층을 **first floor**, **second floor**, **third floor**라고 합니다. 그럼 지하 1층, 지하 2층은 어떻게 표현할까요?

엘리베이터에서 층을 가리킬 때 지하 1층, 지하 2층은 각각 'B1(비원)', 'B2(비투)'라고 합니다.

We need to go to B2.   우리는 지하 2층으로 가야 해.

Please press the B1 button.   지하 1층 버튼을 눌러 줘.

엘리베이터가 아닌 일상생활에서는 지하의 층을 주로 'nth basement level'이라고 합니다. **floor**는 지상을 뜻하는 느낌이 있어서 **basement floor**보다는 **basement level**이라고 합니다.

I parked my car on the third basement level.
나는 지하 3층에 차를 세웠어.

The subway station entrance is on the second basement level.
지하철역 입구는 지하 2층에 있어.

③ keep your hands to yourself

아이들에게 무언가를 하지 말라고 금지하는 것보다 무엇을 해야 할지 콕 집어 정확히 알려 주면 혼동하지 않고 말을 따르기가 더 쉽습니다. 그래서 요즘의 교육 트렌드는 부정적 표현보다 긍정적 표현을 주로 사용하는 것입니다. 요즘 미국 부모들이 흔히 사용하는 긍정적 표현을 정리해 봤습니다.

부정적 표현	긍정적 표현
Don't fight with your friends. 친구들이랑 싸우지 마.	Let's try to work things out. 해결책을 찾아보자.
Don't hit your friends. 친구들을 때리지 마.	Keep your hands to yourself. 자기 손은 자기 옆에 있도록 해.(다른 사람 건드리지 마.)
Don't use bad words. 나쁜 말을 쓰지 마.	Let's use kind words. 이쁜 말을 쓰자.
Stop crying. 그만 울어.	Let's take a deep breath. 심호흡을 해 보자.
Stop running. 그만 뛰어.	Use your walking feet. 걷도록 해.
Stop whining. 그만 징징대.	Use your words. 말로 표현해.
Stop yelling. 그만 소리 질러.	Indoor voice,* please. (실내용) 조용한 목소리로 말하렴.

* indoor voice 대신 inside voice, quiet voice, night time voice도 가능합니다. 조용한 목소리, 밤에 조용조용 낮추어 말하는 목소리로 이야기하라는 뜻입니다.

④ Make sure to eat all of your lunch.

"점심 다 먹도록 해."와 같이 학교 가기 전에 아이들에게 당부하는 말들을 정리해 봤습니다. 명령문 앞에 **Make sure to ~** (~를 꼭 하도록 해) 혹은 **Remember to ~** (~하는 걸 기억해)를 붙이면 조금 더 강조하는 표현이 됩니다.

Be kind to your friends. 친구들에게 친절하게 대해.

Clean up after yourself. 뒷정리를 해.

Drink water throughout the day. 하루 내내 틈틈이 물을 마셔.

Have fun at school. 학교에서 재미있게 보내.

Listen to your teacher. 선생님 말 잘 들어.

Pay attention during class time. 수업 시간에 집중해.

Raise your hand before you speak. 말하기 전에 손을 들어.

Share with your friends. 친구들한테 양보해./친구들과 같이 사용해.

Wash your hands after using the bathroom. 화장실을 사용한 후에는 손을 씻어.

Wait in line. 줄 서서 기다려.

Wait your turn. 차례를 기다려.

5 Goodbye! ━━━━━━━━━━━━━━

good-bye / good-by / goodbye / goodby

goodbye의 스펠링은 어느 것이 맞는 걸까요? 사실은 모두 다 사용 가능합니다. 영어는 다양한 지역, 다양한 나라에서 사용하는 언어이다 보니 한 단어가 여러 스펠링을 가진 경우가 흔합니다. 예를 들면, goodbye는 원래 "God be with ye.(가는 길에 하나님께서 함께하시기를.)"가 줄어든 말이라서 하이픈(-)을 사용하다가 점점 하이픈의 사용 빈도가 줄었습니다. 지금은 goodbye를 가장 많이 사용하고 good-bye를 두 번째로 많이 사용합니다. good-by와 good by는 많이 사용하지 않는 편인데, good-by가 좀 더 많이 사용되고 있습니다.

6 See you later, alligator. ━━━━━━━━━

아이들과 사용하기 좋은 재미있는 인사말들을 소개합니다. 문장 속에 뜬금없이 동물이 등장하는데, 이 동물들은 어떤 특별한 의미가 있는 건 아니고, 인사말의 끝소리와 비슷한 발음이 나는 단어를 잇달아 말함으로써 단지 재미있는 소리가 나게 한 것입니다.

Gotta go, buffalo. 이제 가야 해, 버팔로야.

See you later, alligator. 나중에 봐, 악어야.

After a while, crocodile.　좀 이따 봐, 악어야.

Bye-bye, butterfly.　안녕, 나비야.

영어에는 이렇게 뜬금없이 라임을 사용해 만든 말장난들이 많고, 일상에서 흔히 사용하기도 합니다.

It's easy.	It's easy peasy lemon squeezy.　쉬워.
Okay.	Okey dokey, artichokey.　알았어.
No way.	No way José.*　절대 안 돼.
Uh oh.	Uh-oh, Spaghetti-O.　어허.
Winner!	Winner winner, chicken dinner!　승리!

* José는 스페인어로 남자 이름인데, 발음인 [ho ZAY]가 way와 라임을 이룹니다.

WEEK 10 SONG OF THE WEEK

See You Later, Alligator

by Super Simple Songs

https://www.youtube.com/watch?v=UQfvAlmr5g0

미국 아이들이 인사할 때 흔히 사용하는 관용적인 표현을 이용한 노래입니다. 일상생활 속에서 아이들에게 적용해 주면 재미도 있고, 관용 표현이라는 개념을 갖기에 좋습니다. 이 노래에 등장하는 표현들은 좀 억지스럽다고 느낄 수도 있지만 미국에서는 흔히 사용하는 말입니다.

가사소개
········

Goodbye, goodbye.　안녕히 가세요(계세요), 안녕히 가세요(계세요).

It's time to go.　갈 시간이에요.

I don't want to go.　가기 싫어요.

School Bus
Donald Crews (1984)

스쿨버스의 일과를 간결한 그림과 간단한 문구로 표현한 그림책입니다. 등교 전 버스들이 주차장에 나란히 모여 있습니다. 아이들을 학교에 데려다주고, 하교 시간에 다시 집으로 데려다주고 주차장에 모이며 하루가 끝납니다. 자동차를 좋아하는 아이들에게 Donald Crews 작가의 다른 자동차 책도 추천합니다.

David Goes to School
David Shannon (1999)

학교에 간 David는 다양한 이유로 야단을 맞습니다. David는 학교에서 껌 씹기, 차례 안 지키기, 수업 시간에 딴짓하기, 책상에 낙서하기, 친구와 싸우기 등 여러 가지 말썽을 저지릅니다. 학교에서 선생님에게 들을 수 있을 만한 다양한 경고의 말을 배우기 좋습니다.

Bear's School Day
Stella Blackstone / Debbie Harter (2014)

곰들은 유치원에 가서 즐겁고 알찬 하루를 보냅니다. 음악, 수학, 영어, 점심, 낮잠, 야외 활동, 미술, 스토리 타임 등 학교에서 많은 활동을 합니다. 마지막에 교실 지도를 보면서 곰들이 오늘 하루에 한 활동들을 돌아볼 수 있습니다.

How Do Dinosaurs Go to School?
Jane Yolen / Mark Teague (2007)

공룡들이 학교에 갑니다. 학교에서는 어떻게 행동해야 하는지 여러 공룡의 행동을 통해 알게 됩니다. 이 책은 예절과 좋은 매너를 알려 주는 시리즈로, 책마다 서로 다른 공룡들이 등장해서 다양한 공룡들의 이름을 배우는 재미도 있습니다.

How was school today?
오늘 학교는 어땠어?

원어민 따라읽기

WEEK 11 CONVERSATION

Parent	Hello❶ Siwon. I missed you. How was school today?❷	안녕 시원아. 보고 싶었어. 오늘 학교는 어땠어?
Child	It was good. I learned about bees.	좋았어요. 꿀벌에 대해 배웠어요.
Parent	That sounds interesting.❸ What did you eat for lunch?❹	흥미진진하네. 점심 때 뭐 먹었어?
Child	I ate a pork cutlet and some noodles.❺	돈가스와 국수 좀 먹었어요.
Parent	How delicious!❻ Did you play nicely with your friends?	참 맛있었겠네! 친구들이랑 사이좋게 놀았어?
Child	Yes, but I'm tired.	네, 근데 피곤해요.
Parent	I'll carry your backpack for you then. Do you have any notices for me?	그럼 내가 백팩 들어 줄게. 나한테 줄 통신문 있어?
Child	Yes, there's a permission slip for a field trip in my backpack.	네, 백팩 안에 견학 허가서가 있어요.
Parent	I'll take a look then.	그럼 한 번 볼게.

❶ ▶ Hello ━━━━━━━━━━━━━━━

Hello.는 사람을 만날 때 가볍게 건네는 인사말이죠. **Hello.** 대신 사용할 수 있는 표현들을 알 아볼까요? 왼쪽 위는 공식적인 표현이고 오른쪽 아래로 갈수록 덜 공식적인 표현입니다.

Good day. (영)   Hey.
Good morning / afternoon / evening.   Hiya.
Hello.   What's up?
Hi.   Yo.

❷ ▶ How was school today? ━━━━━━━

아이가 등원했다 오면 부모는 오늘 아이가 잘 지냈는지 궁금하지요. 그럴 때 **How was school today?**(오늘 학교는 어땠어?) 혹은 **How was your day?**(오늘 어땠어?)라고 물 어보면 됩니다. 아이가 **kindergarten**을 다녀도 **school**로 물어볼 수 있습니다. 미국은 **kindergarten**부터 의무 교육이고 공립이라서 병설 유치원 개념으로 생각하시면 됩니다. 어 린이집은 **How was daycare today?**로 물어보면 됩니다.

그 물음에 아이가 대답할 수 있는 표현들을 알아봅니다.

I made a new friend.   새로운 친구를 사귀었어요.
I made a paper airplane.   종이 비행기를 만들었어요.
I got hurt.   다쳤어요.
I fought with my friend.   친구랑 싸웠어요.
I played tag during recess.   쉬는 시간에 술래잡기 놀이를 했어요.
I did a show and tell.   물건 가져와서 보여 주고 발표하기를 했어요.
It was boring.   재미없었어요.
It was fun.   재미있었어요.
It was okay.   괜찮았어요.

interesting ━━━━━━━━━━━━━━━━━━━━━━━━━━━━━━━━━

여러분은 **tree**와 **truck**을 어떻게 발음하나요? **tr**은 스펠링 그대로 [t] 소리 내고 그 다음 [r] 소리를 내는 게 아니라, [chr]로 발음합니다.

> tree = [chree]
>
> truck = [chruck]

그래서 '트리', '트럭'이 아니라 '츠리', '츠럭'이라고 발음하지요. 흥미로운 건 **interesting**도 't' 뒤의 'e' 발음이 약세라서 'e' 소리가 빠지면서 [in·chruh·stuhng]으로 발음한답니다.

참고로 **str**은 [schr]가 아니라 원래대로 [str]로 발음합니다. 글자는 왼쪽부터 오른쪽으로 읽기 때문에 **str**은 [st]+[r]로 발음합니다. 그 외에는 **tr** 소리를 [chr]로 발음합니다.

straight [strayt]	trait [chrayt]
street [street]	treat [chreet]
strike [strike]	trike [chrike]
struck [struhk]	truck [chruhk]

4 **lunch** ━━━━━━━━━━━━━━━━━━━━━━━━━━━━━━━━━━━━━

미국에서는 아이들이 점심을 먹기 위해 도시락을 싸 가는 경우가 많이 있지만, 학교 급식을 먹기도 합니다. 개인의 선택입니다. 다양한 음식들이 급식으로 나오는데 대표적인 것은 다음과 같습니다.

American School Lunch(미국의 점심 급식 메뉴)

chicken nuggets 치킨 너겟 mashed potatoes 으깬 감자 green beans 그린 빈 strawberry milk 딸기 우유	square pizza 사각 피자 tater tots 테이터 토츠 carrot sticks 당근 스틱 chocolate milk 초코 우유	cheeseburger 치즈버거 French fries 감자 튀김 coleslaw 코울슬로 orange juice 오렌지 주스

⑤ a pork cutlet and some noodles ━━━━━━

음식 중에는 '셀 수 있는 명사(가산 명사)'와 '셀 수 없는 명사(불가산 명사)'가 있습니다. 셀 수 있는 명사는 a/an, one, two 등의 수와 같이 사용하고 셀 수 없는 명사(음식)는 주로 some(조금, 약간)과 함께 사용합니다.

셀 수 있는 명사(가산 명사)	셀 수 없는 명사(불가산 명사)
apple, banana, orange, strawberry, pear	bread, flour, rice
carrot, cucumber, potato, olive, zucchini	cheese, chocolate, cereal
cutlet, steak	pork, beef, meat
hamburger, hot dog, salad, sandwich	coffee, juice, soup, tea, water, butter, ketchup, honey, jam, pepper, salt

셀 수 없는 명사를 세어야 할 때는 one bread, two bread, 혹은 one water, two water 가 아니라 one loaf of bread, one slice of bread, one cup of water, one bottle of water 등 계량 단위를 포함하여 셉니다. bread와 water는 셀 수 없는 불가산 명사지만 loaf, slice, cup, gallon 등 계량 단위는 가산 명사입니다.

셀 수 있는 명사인지 셀 수 없는 명사인지 헷갈리면 한국어로 먼저 생각해 보세요. 한국어로 'OO 1개'라고 표현할 수 있으면 셀 수 있는 명사이고, 그렇게 표현할 수 없다면 셀 수 없는 명사입니다.

나는 물 1개 마셨어요. (X) → 셀 수 없는 명사(불가산 명사)

나는 햄버거 1개 먹었어요. (O) → 셀 수 있는 명사(가산 명사)

I drank a water. (X)

I drank some water. (O)

6 How delicious!

How는 질문을 할 때 어땠는지 물어보기 위해 사용하는 의문사이지만, **'How + 형용사!'**처럼 감탄사로 사용하면 '참 ~하다!'가 됩니다.

- How awful! 참 끔찍하다!
- How beautiful! 참 이쁘다!
- How lovely! 참 사랑스럽다!
- How scary! 참 무섭다!
- How wonderful! 참 멋지다!

Hello!

by Super Simple Songs
https://www.youtube.com/watch?v=tVIcKp3bWH8

"안녕!"이라는 간단한 인사말을 이용한 동요입니다. 인사 후, **I'm tired.**, **I'm hungry.**, **I'm not so good.** 등 간단하게 자기 상태를 표현합니다. 일상생활 속에서 아이들에게 가볍게 기분 상태를 물어보고 또 대답할 때 유용합니다.

가사소개
- Hello. How are you? 안녕하세요. 기분이 어때요?
- I'm good. 좋아요.
- I'm not so good. 썩 좋지는 않아요.

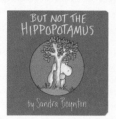

But Not the Hippopotamus

Sandra Boynton (1982)

돼지와 개구리는 습지에서 놀고, 고양이와 쥐 두 마리는 모자를 써 보고, 무스와 거위는 주스를 마시는데, 하마는 이들과 어울리고 싶지만 너무 수줍어서 망설입니다. 수줍음이 많은 친구들에게 교훈을 주고, hog-frog-bog, cat-rat-hat, moose-goose-juice처럼 재미있는 라임도 있습니다.

Yes Day!

Amy Krouse Rosenthal / Tom Lichtenheld (2009)

'뭐든 다 허용되는 하루'에 마음껏 하고 싶은 걸 다 하는 소년의 이야기입니다. 어쩌면 크리스마스나 핼러윈보다도 더 기대되는 하루입니다. 미국에서는 부모들이 가끔 이벤트로 아이들에게 Yes Day를 해 줍니다. 아이들의 상상력이 어디까지인지 확인할 수 있는 행사입니다.

A Perfect Day

Lane Smith (2017)

완벽한 날이었습니다. 고양이는 꽃밭에서 쉬고, 개는 수영을 하고, 박새는 모이를 먹고, 다람쥐는 옥수수를 먹습니다. 모두들 완벽한 하루를 보내고 있는데, 곰이 등장하면서 모든 게 다 어그러집니다. 밝고 생생한 삽화가 매력적인 캐릭터와 결합하여 장난기 가득한 이야기를 만듭니다.

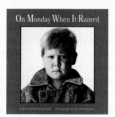

On Monday When It Rained

Cherryl Kachenmeister / Tom Berthiaume (1989)

월요일부터 일요일까지 그날그날 있었던 일과 그로 인해 느꼈던 감정들을 얼굴 표정이 잘 드러난 사진과 텍스트로 묘사합니다. 실망, 쑥스러움, 자랑스러움, 두려움, 화남, 신남, 외로움 등 7가지 감정에 대해 이야기합니다.

Don't you have a promotion test this week?

이번 주에 승급 심사가 있지 않아?

원어민 따라읽기

WEEK 12 CONVERSATION

Parent	Don't you❶ have a promotion test❷ for Taekwondo❸ this week?	이번 주에 태권도 승급 심사가 있지 않아?
Child	Yes, it's on Thursday.❹	네, 목요일에 있어요.
Parent	Do you want help practicing?	연습하는 거 도와줄까?
Child	Yes, I need to memorize this form.	네, 이 품새를 외워야 해요.
Parent	Okay. Why don't you show me? Make sure to breathe properly and focus.	알았어. 나한테 보여 주지 그래. 호흡을 제대로 하고 집중하도록 해.
Child	Front kick! Side kick! Roundhouse kick! Ha!	앞차기! 옆차기! 돌려차기! 하!
Parent	Try again. This time, pay attention to your stance. Practice makes perfect.❺	다시 해 봐. 이번에는, 자세에 집중해. 훈련이 완벽을 만든다.
Child	Ha! Ha! Ha!	하! 하! 하!
Parent	Don't give up. You're getting better!❻ I'm sure you'll get your blue belt soon.	포기하지 마. 좋아지고 있어! 곧 파란 띠 받을 거라고 믿어.

① Don't you

한 단어가 **t**로 끝나고 다음 단어가 **y**로 시작하는 경우, 그 두 소리는 연음법칙을 따라 [chy]가 됩니다. 또 한 단어가 **d**로 끝나고 다음 단어가 **y**로 시작하는 경우, 그 두 소리는 연음법칙을 따라 [jy]가 됩니다.

[chy]	Why don't you? → [Wai down chyoo]
	Can't you do it? → [Kan chyoo doo it]
[jy]	I told you so. → [I towl jyoo sow]
	Why did you? → [Wai di jyoo]

② promotion test

학교나 학원에서 치러지는 여러 종류의 평가 시험에 관한 어휘를 정리해 봅니다.

book report 책 보고서
contest / competition 대회
evaluation test 평가 시험
final exam 기말고사
level test / promotion test 승급 시험. 단계를 올라가기 위한 평가 시험
midterm exam 중간 고사
placement test 배치 고사. 입학 전 반 배치를 위해 보는 시험
pop quiz (예고 없이 간단히 치는) 깜짝 쪽지 시험
recital(ballet recital, piano recital) 발표회(발레 발표회, 피아노 연주회)
vocabulary test 단어 시험

I am practicing for a dance competition. 나는 춤 대회를 위해 연습하고 있어요.

I got an A on my vocabulary test. 나는 단어 시험에서 A를 받았어요.

③ Taekwondo

한국 사람들은 아이들이 다니는 '학원'을 영어로 말할 때 academy라는 단어를 흔히 사용합니다. 하지만 academy는 사립학교 혹은 police academy, military academy처럼 특화된 교육을 받는 곳입니다. 미국에는 한국식 '학원'이 흔하지 않아요. 그래서 '학원(academy)'이라고 하기보다는 class, lesson 등을 써서 '수업'이라고 표현합니다.

Do you take English classes? 영어 학원(수업) 다녀요?

I need to go to my piano lesson now. 나는 지금 피아노 학원(수업) 가야 해요.

I took art classes when I was little. 나는 어렸을 때 미술 학원(수업) 다녔어요.

그리고 한국에서도 학원을 언급하지 않고 '태권도 가다', '피아노 가다'라고 하는 것처럼 표현하기도 합니다.

It's time for Taekwondo. 태권도 (수업) 갈 시간이야.

You have piano later. 이따가 피아노 (수업) 있어.

최근에 미국에도 학업을 위한 '학원'이 많이 생기고 있어요. 이런 학원은 주로 after school program, learning center, tutoring center 혹은 test prep center라고 부릅니다.

I take math classes at Boston Learning Center.
나는 보스턴 러닝 센터에서 수학 수업 들어요.

참고로 학원 강사는 instructor 혹은 tutor라고 합니다.

I am a yoga instructor. 나는 요가 강사입니다.

He is a famous college test prep tutor. 그는 유명한 대학 입시 강사입니다.

④ Thursday

일요일은 왜 Sunday이고 월요일은 왜 Monday일까 궁금한 적이 있나요? 요일 이름은 고대 유럽의 신화와 관련이 있습니다. Sunday는 태양(sun), Monday는 달(moon)에서 따왔고, 나머지 요일의 이름은 모두 북유럽 신들의 이름에서 유래되었습니다.

Tuesday는 원래 'Tiw's Day', Wednesday는 'Woden's Day', Thursday는 'Thor's Day' 그리고 Friday는 'Freya's Day'였답니다. 참고로 여기서 'Thor'는 영화 〈Avengers〉에 등장하는 'Thor'와 같은 인물입니다. 나중에 이 북유럽 신들이 로마의 신들이 되면서 이름이 달라졌어요.

Tiw = Mars
Woden = Mercury
Thor = Jupiter
Freya = Venus
없음 = Saturn

그리고 로마 사람들이 달력을 만들면서 sun, moon, Mars, Mercury, Jupiter, Venus, Saturn, 이 순서로 요일을 정리해 현대의 요일 이름이 지어졌답니다.

5 Practice makes perfect. ━━━━━━━

아이들을 교육할 때 흔히 사용하는 속담을 정리해 봤습니다. 미국에서 아이들이 자라면서 부모와 선생님들에게 흔히 듣는 속담입니다.

Actions speak louder than words. 말보다 행동이 중요하다.

Better late than never. 늦더라도 아예 안 하는 것보다 낫다.

Every cloud has a silver lining. 아무리 안 좋은 상황에서도 한 가지 긍정적인 측면은 있다.

Good things come to those who wait. 기다리는 사람들에게 좋은 일이 온다.

If at first you don't succeed, try, try again. 처음에 성공하지 못하면 다시 시도해라.

It's okay to make mistakes. 실수해도 괜찮아.

Just be yourself. 그냥 너답게 해.

Never say never. 불가능은 없다.

Think outside the box. (고정관념을 깨고) 새로운 관점에서 생각해 보라.

There's no time like the present. 지금이 적기다.

Two wrongs don't make a right. 악을 악으로 갚아 봐야 좋을 게 없다.

When the going gets tough, the tough get going.
상황이 어려워지면 강한 사람은 더 강해진다.

6 You're getting better!

아이들을 위로하거나 격려할 때 사용하기 좋은 표현입니다.

Cheer up! 힘내!

Believe in yourself. 너 자신을 믿어.

Don't give up. 포기하지 마.

I believe in you. 난 너를 믿어.

Keep at it. (포기하지 말고) 그것을 계속해 봐.

Keep on trying. (포기하지 말고) 계속 시도해 봐.

There's nothing to lose. 어차피 잃을 것은 아무것도 없어.

Tomorrow will be another day. 내일은 또 다른 날이 될 거야.

You can do it. 너는 할 수 있어.

You're almost there. 거의 다 왔어.

You're getting better. 점점 나아지고 있어.

WEEK 12 SONG OF THE WEEK

Taekwondo Song

by Cocomelon
https://www.youtube.com/watch?v=zXi_3H2HU_c

태권도에 관한 동요입니다. 아이들이 태권도 도장에서 다양한 동작을 배우고 연습합니다. "하나, 둘, 셋, 태권, 태권도!" 영어 동요 속에서 한국어 노랫말이 들리니 반가운 마음이 듭니다. 태권도의 여러 동작들을 따라 해 보고, 격파도 해 보면서 어려운 일을 씩씩하게 극복하는 태권도 정신을 배웁니다.

가사소개

Breathe in. Breathe out. Meditate. 숨을 들이마셔요. 숨을 내쉬어요. 명상을 해요.

Focus to earn your reward. 보상을 얻기 위해 집중하세요.

If you train hard, Taekwondo will take you far.
열심히 훈련하면, 태권도는 당신을 성공시켜 줄 거예요.

Bea at Ballet

Rachel Isadora (2012)

발레를 좋아하는 Bea를 따라 발레 수업에 따라가 봅니다. 레오타드, 타이츠, 발레 슬리퍼 등 발레 복장에 대해 알아보고, 기본적인 동작도 배웁니다. 발레 동작으로 인사를 하며 수업을 마칠 때까지 밝고 사랑스러운 일러스트가 발레 수업에 대해 흥미롭게 소개합니다.

It's Okay to Make Mistakes

Todd Parr (2014)

"실수해도 괜찮아."라며 실수하는 사람들을 다독이는 책입니다. 실수하면서 새로운 걸 발견하고, 배우고, 친구들의 응원을 받고, 다시 일어설 수 있기 때문이죠. 어른이든, 아이든 누구나 다 실수하지만 감사하고, 서로 사랑하고, 자기 자신을 좋아하도록 상기시켜 주는 사랑스러운 책입니다.

Let's Go to Taekwondo!

Aram Kim (2020)

《No Kimchi for Me!》,《Sunday Funday in Koreatown》에도 등장하는 재미교포 고양이 유미는 태권도를 배우며 도장에서 승급 심사를 봅니다. 처음에는 긴장되지만 할머니가 컴퓨터를 열심히 공부하는 모습을 보며 유미도 자신이 어렵다고 느꼈던 것을 열심히 노력해 보기로 결심합니다.

Lion Lessons

Jon Agee (2016)

한 소년이 사자 자격증을 얻기 위해 학원을 찾아갑니다. 사자가 되기 위해 무섭게 보이기, 으르렁거리기, 먹거리 구별하기 등을 배우지만 결과는 썩 좋지 않습니다. 그런데 막판에 반전이 생깁니다. 사자가 되기 위해 학원에 간다는 신선한 발상과 유머러스한 그림이 큰 재미를 줍니다.

미국엄마와 함께하는
리얼 엄마표 영어

3장

Indoor Activities

| 실내 활동 |

It's arts and crafts time.

미술 시간이야.

원어민 따라읽기

WEEK 13 CONVERSATION

Parent	It's arts and crafts time. Do you want to make a snowman?❶	미술 시간이야. 눈사람 만들고 싶어?
Child	Yes!	네!
Parent	To make a snowman, we need paper, crayons,❷ tape, and scissors. Could you go get them?	눈사람을 만들려면 종이, 크레용, 테이프, 그리고 가위가 필요해. 가서 가져올 수 있어?
Child	Okay. Here they are.	네. 여기 있어요.
Parent	Thank you. Now we're ready to start. First, take a sheet of paper. Then draw❸ three circles on it, and cut them out.	고마워. 이제 시작할 준비가 됐네. 먼저, 종이 한 장을 가져. 그 다음 거기다가 원 3개를 그리고, 오려.
Child	This is fun.❹	재미있어요.
Parent	Are you ready for the next step? Tape the circles together like this.	다음 단계로 넘어갈 준비 됐어? 이렇게 원들을 테이프로 같이 붙여.
Child	Like this?	이렇게요?
Parent	Almost. Let me help you.❺ Now draw a face. Your snowman is complete.	거의 맞아. 내가 도와줄게. 이제 얼굴을 그려. 눈사람이 완성되었네.

1 Do you want to make a snowman?

유명한 애니메이션 <겨울왕국>의 OST 가사 중에는 **Do you want to build a snowman?**
이라는 구절이 있지요? 이 말은 **Do you want to make a snowman?**과 어떻게 다를까요?
비슷한 세 단어 **build**, **create**, **make**의 차이점을 알아봅시다.

build	(여러 조각을 조립해서) 건설하다
create	창조하다
make	만들다

I built a snowman out of snow.
제가 눈으로 눈사람을 만들었어요. (눈 뭉치를 조립한 느낌)

I made a snowman out of snow.
제가 눈으로 눈사람을 만들었어요. (단순히 만든 느낌)

Elsa created Olaf using magic.
엘사는 마술을 사용해 올라프를 만들었어요. (없었던 걸 창조한 느낌)

I tried to build a robot, but I ended up making a mess.
로봇을 조립하려고 했지만, 결국에는 엉망으로 만들었어요.

2 crayons

미국에서는 '사인펜'과 '네임펜'을 **pen**이라 하지 않고 **marker**라고 부릅니다. 그 외에도 영어
로 필기도구의 이름을 배워 봅시다.

Writing Utensils 필기도구

crayon 크레용	
highlighter 형광펜	
marker 사인펜	permanent marker 네임펜 / 유성 매직
	whiteboard marker / dry erase marker 보드 마커
pen 펜	ballpoint pen 볼펜
	fountain pen 만년필
	gel pen 젤펜(젤 잉크 펜)
pencil 연필	colored pencil 색연필
	graphite pencil 흑연 연필
	mechanical pencil 샤프펜슬
	mechanical pencil lead 샤프심

③ draw

미술 활동을 할 때 주로 사용하는 동사들을 정리해 봤습니다.

color 색칠하다

- Color the balloon blue. 풍선을 파란색으로 칠해.
- Color inside the lines. 선 안으로 칠해.

cut 오리다

- Cut the paper horizontally. 종이를 가로로 오려.
- Cut along the border. 테두리를 따라 오려.

draw 그리다

- Draw a straight line. 직선을 그려.
- Draw a picture of Mommy. 엄마를 그려.

fold 접다

Fold the corners in. 모서리를 안으로 접어.

Fold the paper in half. 종이를 반으로 접어.

glue 풀로 붙이다

Glue the bead on the paper. 구슬을 종이에 풀로 붙여.

Glue this on here. 이걸 여기에 풀로 붙여.

staple 스테이플러로 찍다

Staple the pages together. 종잇장들을 함께 스테이플러로 찍어.

Staple along the top. 상단을 따라 스테이플러로 찍어.

tape 테이프로 붙이다

Tape the ends here. 끝을 여기에 테이프로 붙여.

Tape it onto the wall. 벽에다가 테이프로 붙여.

trace 선을 따라 그리다

Trace the dotted line carefully. 점선을 따라 조심스럽게 그려.

Trace this circle. 이 원을 선 따라 그려.

---

4 # fun

많은 사람들이 **fun**과 **funny**를 헷갈려 하는데, 뜻이 명확하게 다릅니다.

fun	재미있고 즐겁다
funny	코믹하며 웃기다

That joke is fun. (X) 그 농담은 즐거워요.

That joke is funny. (O) 그 농담은 웃겨요.

Amusement parks are fun. (O) 놀이공원은 재미있어요.

Amusement parks are funny. (X) 놀이공원은 웃겨요.

참고로 fun은 명사, 형용사로 둘 다 쓸 수 있지만 funny는 형용사만 됩니다. 명사로 사용될 때 fun은 '재미, 즐거움'이라는 뜻입니다.

⋮ I had a lot of fun. 나는 매우 재미있었어요.

⑤ Let me help you. ────────────

'내가 ~ 할게.'라는 의미로 'Let me + 동사.'를 쓸 수 있습니다. "내가 도와줄게."라는 표현을 써야 할 때 흔히 I will help you.를 먼저 떠올리곤 합니다. 이것은 나의 의지를 드러내는 직설적인 표현입니다. 상대방의 의견은 고려하지 않죠. 대신 Let me help you.라고 하면 같은 뜻이지만 "내가 도와주게 허락해 줘."라고, 허락이나 동의를 구하는 듯한 뉘앙스가 있어 더욱 부드럽고 자상한 표현이 됩니다.

⋮ Let me carry that. 저걸 들어 줄게.
⋮ Let me give you some advice. 몇 가지 조언을 해 줄게.
⋮ Let me hold your bags. 네 가방들을 들고 있어 줄게.
⋮ Let me show you around. 너를 구경시켜 줄게.

WEEK 13 SONG OF THE WEEK

YoYo's Arts and Crafts Time: Paper Airplanes

by Cocomelon
https://www.youtube.com/watch?v=2DsbojM2Qc0

누나 요요가 남동생과 함께 미술 활동 시간을 가집니다. 매직 아트 박스를 열어 도구를 꺼내고 종이를 접어 종이 비행기를 만듭니다. 크레용으로 색칠하고 꾸며 나만의 멋진 종이 비행기를 만듭니다. first, then, next 등 지시를 할 때 유용한 표현도 배울 수 있습니다.

가사소개
⋯⋯⋯⋯   You can join me too. 당신도 저와 함께 할 수 있어요.

Show us what to do. 무엇을 해야 하는지 우리에게 보여 주세요.

Thanks for crafting with us. 우리와 함께 만들기를 해 줘서 감사합니다.

Beautiful Oops!

Barney Saltzberg (2010)

종이를 찢어도, 물감을 흘려도, 구멍이 나도, 실수를 해도 괜찮아요. 실수도 영감이 될 수 있다는 것을 알려 주는 팝업북입니다. 특히 실수하는 걸 두려워하는 아이들이 보면 좋습니다. 독후 활동으로, 구겨졌거나 얼룩 묻은 종이로 그림을 그리거나 만들기를 할 수 있습니다.

Draw Me a Star

Eric Carle (1992)

상상력 하나로 멋진 세상이 완성됩니다. 별 하나로 시작해서 해, 나무, 인간, 개, 고양이, 새 등 생명들이 나고 자라 세상은 풍성해집니다. 밤이 그려지고 다시 별이 반짝이는 밤하늘을 여행하며 인생에 대해 생각하게 하는 감동적인 책입니다.

Red: A Crayon's Story

Michael Hall (2015)

크레용 Red의 포장지엔 '빨강'이라고 적혀 있지만 도무지 붉지 않습니다. 그래서 소방차도 빨간 딸기도 그릴 수가 없어요. 주위에서 도와줘도 아무 소용이 없습니다. 그러던 어느 날 바다를 그려 달라는 친구를 만나, Red는 자신이 Blue라는 사실을 깨닫게 됩니다. 남이 정의한 나로 인해 야기된 혼란과 갈등을 표현한 책입니다.

The Dot

Peter H, Reynolds (2003)

미술 수업 시간에 Vashti는 그림을 그릴 줄도 모르고, 그리고 싶지도 않습니다. 다만 선생님의 권유로 흰 종이에 점 하나를 찍어 보았을 뿐입니다. 그러다가 자신의 한계를 넘어서 극복하는 방법을 배웁니다. 흑백 톤으로 표현된 사람들이 화려한 색감의 미술 작품과 대조되는 점이 인상 깊습니다.

Let's play hide and seek.
숨바꼭질하자.

원어민 따라읽기

WEEK 14 CONVERSATION

Parent	Let's play hide and seek. Do you want to hide or be it?❶	숨바꼭질하자. 숨을래, 술래 할래?
Child	I want to hide!	숨고 싶어요!
Parent	Okay. Then I'll be it. I'll close my eyes and count to ten.❷	그래. 그럼 내가 술래 할게. 눈을 감고 열까지 셀게.
Child	No peeking!❸	엿보기 금지예요!
Parent	Of course not.❹ 1...2...3...10... Ready or not,❺ here I come!❻ [while seeking] Hmm... are you behind the sofa? Nope. Are you in the closet? Nope. Where are you? Give me a hint.	물론 안 하지. 1… 2… 3… 10… 준비가 됐든 안 됐든, 난 찾으러 간다! [찾는 중] 흠… 소파 뒤에 있니? 아니네. 옷장 안에 있니? 아니네. 어디에 있어? 힌트를 줘.
Child	I'm in the kitchen!	주방에 있어요!
Parent	Ah ha! I found❼ you!	아하! 찾았다!
Child	Let's play again. This time it's your turn to hide. I'll be it.	또 놀아요 이번에는 엄마(아빠)가 숨을 차례예요. 내가 술래 할게요.

1 it

숨바꼭질 놀이를 할 때 '술래'는 숨어 있는 사람을 찾으러 다니는 사람, 즉 **seeker**입니다. 동사 **seek**(찾다)에서 나온 말이지요.

그런데 찾거나 잡는 놀이를 할 때 술래를 주로 it이라고 부릅니다. 술래잡기(**tag**) 놀이를 할 때도 술래를 it이라고 부릅니다.

> He's it. 그 남자가 술래야.
> You be the seeker. 네가 술래 해.

2 count to ten

counting 관련 표현을 정리해 봤습니다.

count to # / count up to #   ~까지 세다

> Count to one hundred. 100까지 세.
> Count up to two hundred. 200까지 세.

count up from #   ~부터 세다

> Count up from ten. 10부터 세.

count backwards from # / count down from #   ~부터 거꾸로 세다

> Count backwards from twenty. 20부터 거꾸로 세.
> Count down from forty. 40부터 거꾸로 세.

count by #s / skip count by #s   ~씩 뛰어서 세다

> Count by threes to thirty. 30까지 3씩 뛰어서 세.
> Skip count by threes to thirty. 30까지 3씩 뛰어서 세.

count from # to #   ~부터 ~까지 세다

> Count from ten to one hundred. 10부터 100까지 세.

③ No peeking!

놀이를 할 때 '반칙 금지'를 뜻하는 다양한 표현들을 정리해 봤습니다.

> No cheating. 반칙 금지.
>
> No tricks. 속임수 금지.
>
> Play fairly. 공평하게 놀아.

④ Of course not.

Of course not.처럼 영어는 부정문을 많이 사용합니다.

그렇다면 아이가 **Isn't that cheating?**(반칙 아닌가요?)이라고 물어본다면, "반칙 아니야."라고 대답할 때 **No.**라고 해야 할까요? **Yes.**라고 해야 할까요?

정답은 **No.**입니다. 이런 부정의문문(**negative question**)에도 부정문을 사용하여 대답합니다. 질문자는 불확실성, 놀람, 충격, 기쁨, 화남, 오해, 의심 등의 다양한 감정을 표현하기 위해 부정의문문을 사용할 수 있습니다.

> Don't you like ice cream? 아이스크림을 좋아하지 않니?
>
> Yes, I do. 네, 좋아해요.
>
> No, I don't. 아니요, 좋아하지 않아요.

어린아이가 당연히 아이스크림을 좋아할 줄 알았는데 알고 보니 좋아하지 않는 거 같고, 이 점에 놀라서 다시 확인하기 위해 부정의문문을 사용했습니다.

부정의문문에 대한 대답은 다소 혼란스러울 수 있습니다. 대답은, 답변자의 입장에서 질문의 시작이 부정 어구든 긍정 어구든 상관없이 **yes**는 주어가 하는 것, **no**는 주어가 하지 않는 것을 명시합니다.

> Aren't you supposed to be studying? 지금 공부해야 하는 거 아니니?
>
> Yes, I am. 네, 공부해야 해요.
>
> No, I'm not. 아니요, 공부 안 해도 돼요.

5 **Ready or not** ━━━━━━━━━━━━━━

'하든 말든'이라고 표현하고 싶을 땐 뒤에 **or not**을 붙이면 됩니다.

> Like it or not, you're in charge.
> 좋든 싫든, 당신이 담당이에요.

> Whether you want to or not, you need to do your homework.
> 네가 원하든 말든, 숙제를 해야 해.

6 **Ready or not, here I come!** ━━━━━━━━━━

한국에서 숨바꼭질 놀이를 할 때 "꼭꼭 숨어라, 머리카락 보인다."라고 말하지요? 미국에서도 **hide and seek** 놀이를 하며 흔히 사용하는 표현들이 있습니다.

> Ready or not, here I come!　준비가 됐든 안 됐든 난 찾으러 간다!
> (술래가 카운트다운을 마친 후 사용하는 표현)

> Come out, come out, wherever you are!　어서 나와, 어서 나와, 어디에 있든지!
> (술래가 상대를 못 찾을 때, 정말 나오라고 말하기보다는 소리나 움직임을 통해 단서를 갖기 위한 말)

> I give up. Come out!　못 찾겠다. 나와!
> (술래가 포기했으니 나오라는 표현)

7 **found** ━━━━━━━━━━━━━━━━━

find와 **look for**는 한국어로 번역하면 둘 다 '찾다'가 됩니다. 하지만 영어에서는 이 두 단어의 뜻을 구별해 사용합니다. **look for**는 '찾으러 다니다'를 뜻하고, **find**는 '발견하다'로 번역하는 게 정확합니다.

> I'm looking for my doll. (O)　나는 인형을 찾아다니고 있어요.
> I'm finding my doll. (X)　나는 인형을 발견하고 있어요.
> I looked for my doll. (O)　나는 인형을 (어느 기간 동안) 찾아다녔어요.
> I found my doll. (O)　나는 인형을 (어느 한순간에) 찾았어요(발견했어요).
> Ah ha! I finally looked for it. (X)　아하! 나는 드디어 찾아다녔습니다.
> Ah ha! I finally found it. (O)　아하! 나는 드디어 찾았습니다(발견했습니다).

Hide and Seek

by Super Simple Songs
https://www.youtube.com/watch?v=Tt_S9qoupAk

공원이나 놀이터에서 아이들이 숨바꼭질을 합니다. 놀이도 하고 노래도 부르고 영어도 익히는 일석삼조의 즐거운 시간을 가질 수 있는 동요입니다. 가사는 길지 않지만 미국에서 숨바꼭질을 할 때 사용하는 핵심적인 표현들이 잘 정리되어 있습니다.

가사소개

Are you ready? 준비됐나요?

Everybody... hide! 모두… 숨어요!

Ready or not, here I come! 준비가 됐든 안 됐든 난 찾으러 갑니다!

Peek-A Who?

Nina Laden (2000)

who, moo, zoo 등 간결한 라임으로 텍스트를 이루고, 구멍을 통해 다음 페이지에 등장하는 것을 유추하는 재미를 줍니다. 언뜻 논리 없는 것으로 보일 수도 있지만, 자세히 보면 센스 있는 단어 선택으로 언어적인 유쾌함을 줍니다.

Where's Mr Lion?

Ingela P. Arrhenius (2017)

플랩 보드북이고, 플랩이 펠트 천으로 되어 있어 부드럽고 튼튼합니다. 단순하면서도 산뜻한 색감의 그림이 흥미를 돋우고, 마지막 페이지에 거울이 있어 아이들이 무척 좋아합니다. 영유아 조작북이 많은 Nosy Crow 출판사의 《Felt Flaps》 시리즈 중 한 권입니다.

I Thought I Saw a... Monkey!

Lydia Nichols (2019)

슬라이더를 밀고 당기면서 슈퍼마켓 여기저기에 숨어 있는 원숭이를 찾아 보는 조작북입니다. 《I Thought I Saw a...》 시리즈 중 한 권이고, 이 시리즈는 책마다 다른 동물, 다른 장소를 소개하여 장소와 관련한 간단한 어휘를 배울 수 있습니다. 예를 들면 이 책에서는 trolley, tins, shelf, checkout이라는 단어를 알게 됩니다.

Hide and Snake

Keith Baker (1991)

마치 숨은그림찾기 놀이처럼 흥미로운 책입니다. 알록달록한 뱀이 털실, 케이크, 화분 등 색색의 다양한 무늬들이 가득한 물건들 속으로 미끄러지듯 이동합니다. 아름답고 다양한 무늬들을 볼 수 있고, 부담 없는 글 양으로 다양한 영어 어순 구조에 노출하기 좋습니다.

Do you want to play doctor?
병원놀이 할래?

원어민 따라읽기

WEEK 15 CONVERSATION

Child	I'm bored.❶	심심해요.
Parent	Then do you want to play doctor?❷ I'll be the doctor, and you be the patient.	그럼 병원놀이 할래? 내가 의사 선생님 하고, 네가 환자 해.
Child (Patient)	Okay. Doctor,❸ I don't feel well.	네. 의사 선생님, 저 몸이 안 좋아요.
Parent (Doctor)	What seems to be the problem?	무엇이 문제일까요?
Child (Patient)	I have a stomachache.❹	배가 아파요.
Parent (Doctor)	Please lie down on the table, so I can examine your stomach.	배를 검사하게 테이블에 누우세요.
Child (Patient)	Oof. I feel nauseous too.	윽. 속도 울렁거려요.
Parent (Doctor)	Hmm... I think you have a stomach virus. Here's a prescription❺ for a pill.	음… 장염인 거 같네요. 알약 처방전입니다.
Child (Patient)	Thank you.	감사합니다.
Parent (Doctor)	Take one right away, and go straight to bed. You should be better in the morning.	즉시 한 알을 먹고, 곧장 주무세요. 아침에는 나아질 거예요.

bored ────────────────────────────

I am bored.와 **I am boring.**을 구분할 수 있나요? 많은 사람들이 자주 헷갈리는 단어 **bored**와 **boring**은 감정을 표현하는 과거분사와 현재분사인데, 뜻이 다릅니다.

be 동사+ed	-하다
be 동사+ing	-하게 하다

I am bored.　나는 지루하다.
I am boring.　나는 (다른 사람들을) 지루하게 한다.

I am tired.　나는 피곤하다.
I am tiring.　나는 (다른 사람들을) 피곤하게 한다.

사람이 주어인 경우 '**+ing**'를 사용하면 주로 안 좋은 뜻이 되니 '**+ing**'는 주로 사물에 사용하고, '**+ed**'는 주로 사람을 가리킬 때 사용한다고 생각하면 됩니다. 물론 사람을 부정적으로 표현할 때나 평가를 할 때는 '**+ing**'를 사용합니다.

I am bored.　나는 지루하다.
The book is boring.　그 책은 지루하다.

I am excited.　나는 신난다.
The movie is exciting.　그 영화는 신난다/흥미진진하다.

다음은 감정을 표현하는 과거분사와 현재분사가 자주 헷갈리는 단어들입니다.

과거분사(-하다)	현재분사(-하게 하다)
annoyed 짜증나다	annoying 짜증나게 하다
astonished 놀라다	astonishing 놀라게 하다

과거분사(-하다)	현재분사(-하게 하다)
confused 혼란스럽다	confusing 혼란스럽게 하다
disappointed 실망하다	disappointing 실망하게 하다
embarrassed 창피하다	embarrassing 창피하게 하다
exhausted 피곤하다	exhausting 피곤하게 하다
frightened 무섭다	frightening 무섭게 하다
interested 흥미롭다	interesting 흥미롭게 하다
satisfied 만족스럽다	satisfying 만족스럽게 하다
surprised 놀랍다	surprising 놀라게 하다

② do you want to play doctor?

'병원놀이를 하다'는 영어로 뭐라고 할까요? 직역해서 **do hospital play**라는 말이 가장 먼저 떠오르겠지만 병원놀이는 그저 'doctor'라고 합니다. 그리고 영어로 역할 놀이는 '하다(**do**)'가 아니라 '놀다(**play**)'라는 동사를 사용하기 때문에 **play doctor**가 정답입니다. 따라서 "병원 놀이를 하자."는 Let's play doctor.라고 하지요. 또 Let's play hospital.이라고도 할 수는 있지만 Let's do hospital play.는 안 됩니다.

play pretend 상황극 놀이를 하다

: I like to play pretend. 나는 상황극 놀이를 하는 걸 좋아해요.

play doctor(s), play hospital 병원놀이를 하다

: Could you play doctor with me? 나랑 병원놀이를 할 수 있어요?

play house 소꿉놀이를 하다

: I played house with my little brother. 남동생과 소꿉놀이를 했어요.

play pirate(s) 해적 놀이를 하다

: I played pirates* with my aunt. 이모랑 해적 놀이를 했어요.

play princess(es) 공주 놀이를 하다

> My cousins like to play princesses.* 내 사촌들은 공주 놀이를 하는 걸 좋아해요.
> (* 여러 명이 의사, 해적, 공주가 되는 경우 복수 명사를 사용합니다.)

그 밖에 아이들이 자주 하는 역할 놀이를 알아보도록 합니다.

직업 놀이	astronauts 우주 비행사, ballerinas 발레리나, detectives 탐정, firefighters 소방관, scientists 과학자
장소 놀이	car wash 세차장, construction site 건설 현장, racetrack 경마장, road trip 도로 여행, school 학교, zoo 동물원

> Let's play astronauts. 우주 비행사 놀이를 하자.
> Let's play car wash. 세차장 놀이를 하자.

③ Doctor

한국에서는 사장님, 변호사님, 기사님, 선생님 등 직업으로 사람을 부르는 경우가 많습니다. 그런데 영어는 그렇지 않습니다. 예를 들어 'Rachel 선생님'과 'Ian 선생님'을 부를 때 **Rachel teacher, Ian teacher**라고 하면 사람을 직업으로 대하는 것이니 매우 어색한 표현이 됩니다. **Ms. Rachel, Mr. Ian**이라고 부르는 것이 바른 영어식 표현입니다.
다만 여기서 예외가 있습니다. **doctor**(의사), **professor**(교수), **coach**(코치)는 한국처럼 직업으로 부를 수 있습니다.

> Hello, Lawyer. (X) 변호사님, 안녕하세요.
> Hello, Teacher. (X) 선생님, 안녕하세요.
> Hello, Coach. (O) 감독님, 안녕하세요.
> Hello, Professor. (O) 교수님, 안녕하세요.

④ I have a stomachache.

몸이 아프거나 불편해서 고통을 호소할 때는 'I have a(n) + 증상.'으로 표현합니다. 아이들에게서 흔히 나타나는 여러 질병의 증상들을 알아볼게요.

I have a(n) _____ .

animal bite / insect bite 동물 물림(dog bite, snake bite, mosquito bite 등)

broken bone 골절(뼈가 부러짐)　　　　fever 발열

bruise 타박상, 멍　　　　　　　　　　headache 두통

burn 화상　　　　　　　　　　　　　sprained ankle / wrist 삔 발목/팔목

cold 감기　　　　　　　　　　　　　stomachache 복통

cut 베인 상처　　　　　　　　　　　sunburn 햇볕으로 인한 화상

5　prescription

병원놀이 할 때 유용한 어휘입니다.

adhesive bandage (미) / plaster (영) 반창고

blood pressure 혈압　　　first-aid kit 구급상자　　shot / injection 주사

body temperature 체온　　ointment 연고　　　　　stethoscope 청진기

cast 깁스　　　　　　　　pill 알약　　　　　　　thermometer 체온계

WEEK 15　SONG OF THE WEEK　

Miss Polly Had a Dolly

by Dave and Ava
https://www.youtube.com/watch?v=ofIKUxxr1po

Miss Polly의 인형이 아파서 의사 선생님을 불러요. 의사 선생님이 집으로 방문해서 진료하고 약을 처방해 줍니다. 이 동요에는 아이들이 인형을 가지고 병원놀이를 할 때 사용할 수 있는 유용한 대사들이 많이 있습니다. 전래 동요인 마더 구스 중 하나입니다.

가사소개
....
Miss Polly had a dolly who was sick.　폴리 양에게는 아픈 인형이 있었어요.

She called for the doctor to be quick.　그녀는 의사에게 서둘러 달라고 전화했어요.

Maisy Goes to the Hospital

Lucy Cousins (2007)

Maisy는 트램펄린을 타다가 다리를 다쳐 병원에서 검사를 받고 깁스를 합니다. 그날 밤 병원에 혼자 머물러야 하는 Maisy는 두려웠지만 맞은편 침대에 있는 Dotty와 친구가 되면서 두려움이 사라집니다. 《A Maisy First Experience Book》 시리즈 중 한 권으로 일상생활과 관련된 표현들을 배울 수 있습니다.

I Don't Want to Go to the Hospital!

Tony Ross (2000)

코에 종기가 난 꼬마 공주는 병원에 가야 합니다. 병원에 가고 싶지 않아 도망 다니던 꼬마 공주는 병원에 다녀온 뒤 다시 병원에 가고 싶어 합니다. 낯설어서 무서웠던 곳이 알고 나면 생각보다 재미있는 곳이 될 수 있다는 걸 깨닫게 합니다.

Bear Feels Sick

Karma Wilson / Jane Chapman (2007)

곰은 코가 답답하고, 재채기가 나오고, 쌕쌕거리고, 매우 아픕니다. 그래서 토끼, 생쥐, 두더지, 오소리 등 동물 친구들은 곰이 편안히 쉴 수 있도록 노력하고 곰은 차츰 나아집니다. 하지만 곰이 낫자마자 이번에는 친구들이 감기에 걸리는 유머러스한 반전이 있습니다. 《The Bear Book》 시리즈 중 한 권입니다.

Froggy Goes to the Doctor

Jonathan London / Frank Remkiewicz (2002)

건강 검진을 받기 위해 병원에 가야 하는 Froggy는 주사를 맞을까 봐 걱정입니다. 너무 긴장한 나머지 속옷 입는 걸 깜박 잊고 이도 안 닦고 갑니다. check-up, waiting room, scale, stethoscope, rubber hammer 등 병원에서 사용하는 단어와 표현들이 풍부합니다.

Let's play with fire trucks.

소방차 가지고 놀아요.

원어민 따라읽기

WEEK 16 CONVERSATION

Parent	What do you want to play❶ next?	다음에 뭐 하고 놀고 싶어?
Child	Let's play with❷ fire trucks.❸	소방차 가지고 놀아요.
Parent	Okay. Help me set up a fire station and a burning building.	그래. 소방서와 불이 난 건물을 세팅하도록 도와줘.
Child	Okay. All done.	네. 다 했어요.
Parent	Fire!❹ Fire! Quick, call 119!❺	불이야! 불이야! 어서, 119 전화해!
Child	Hello, 119? My house is on fire!	여보세요, 119예요? 우리 집에 불이 났어요!
Parent (Firefighter)	Don't worry. We will be right there! Ooh-wee-ooh.❻ Ooh-wee-ooh. Ooh-wee-ooh-wee-ohh-wee-ooh. Here comes the fire truck. Connect the hose.	걱정하지 마세요. 곧 도착할 겁니다! 우위우. 우위우. 우위우위우위우. 여기 소방차가 갑니다. 호스를 연결하세요.
Child	Connect the hose.	호스를 연결하세요.
Parent (Firefighter)	Raise the ladder.	사다리를 올리세요.
Child	Raise the ladder.	사다리를 올리세요.

Parent (Firefighter)	Spray the water.	물을 뿌리세요.
Child	Spray the water.	물을 뿌리세요.
Parent (Firefighter)	Hooray! The fire is out. Now everyone is safe and sound.	만세! 불이 꺼졌어요. 이제 모두가 안전해요.

 play ───────────────────────

친구들과 놀면서 시간을 보낼 때 어린아이들은 동사로 **play**를 사용하지만, 성인이 사용하면 유치한 표현이 됩니다. 그래서 중학생 이상의 경우에는 주로 **hang out**을 사용하고, **play**는 운동이나 오락, 게임을 할 때만 사용합니다.

> I played with my friends. 친구들과 놀았어요.(어린이)
> I hung out with my friends. 친구들과 시간을 보냈어요.(청소년 혹은 성인)
> I played a board game with my friends. 친구들과 보드게임을 했어요.
> (연령에 상관없이 사용)

 play with ───────────────────────

사람들은 **play**와 **play with**를 자주 헷갈려 합니다. 어떤 물건을 사용하여 놀 때, 혹은 누군가와 함께 놀 때 **play with**를 사용하고, 그냥 어떤 놀이를 한다고 할 때는 **play**를 씁니다.

I want to play firefighters. 소방관 놀이 하고 싶어요.

I want to play with my firefighter toys. 소방관 장난감을 가지고 놀고 싶어요.

I want to play with my friends. 친구들과 놀고 싶어요.

I want to play hospital. 병원놀이 하고 싶어요.

I want to play with the stethoscope. 청진기를 가지고 놀고 싶어요.

I want to play with Dad. 아빠와 놀고 싶어요.

3 ▶ fire trucks

Fire Safety Vocabulary (화재 안전 관련 단어)

소방관	firefighter 소방관, boots 부츠 breathing apparatus 호흡 장치, glove 장갑 helmet 헬멧, mask 마스크 oxygen tank 산소 탱크, uniform 제복
소방 장비	fire truck / fire engine 소방차, axe 도끼 extinguisher 소화기, fire hydrant / hydrant 소화전 hose 호스, ladder 사다리, water tank 물탱크
화재 안전 관련	emergency exit 비상구 emergency number 비상 전화번호, fire alarm 화재 경보 fire escape 비상계단, smoke detector 연기 탐지기

4 ▶ Fire!

영어로 긴급하게 도움을 요청할 때 사용하는 표현입니다.

Fire! 불이야!

Help! 도와주세요! / 사람 살려!

Is anybody there? 거기 누구 있나요?

Stop, thief! 도둑아, 멈춰!

Stop that thief! 저 도둑 잡아!

5 call 119

외국 동화책을 읽거나 동요를 들을 때 가끔 익숙하지 않은 번호가 등장합니다.
영어권 나라의 재난 시 구조 신고 번호를 알아봅니다.

한국	119	영국	999
미국	911	호주	000
캐나다	911	뉴질랜드	111

119에 전화할 때 사용할 수 있는 표현들을 더 알아봅니다.

This is 119. What is your emergency?
119입니다. 어떤 긴급 상황이 발생했습니까?

There's a fire.   화재가 있어요.

There has been a robbery.   강도가 발생했어요.

Someone has fainted.   누군가가 기절했어요.

What's the exact location of your emergency?
긴급 상황의 정확한 위치는 어떻게 됩니까?

It's Sejong Apartment, Building 201, Unit 715.   세종 아파트 201동 715호입니다.

It's 25 Ocean Street.   오션로 25번지입니다.

It's on the first floor of Busan Tower.   부산 타워 1층이에요.

Is anyone hurt/injured?   다친 사람이 있습니까?

Yes, there are two people inside the building.   네, 건물 안에 두 명 있어요.

No, but there is property damage.   아니요, 하지만 재산 피해가 있어요.

I am not sure.   잘 모르겠어요.

Please stay on the line. / Please do not hang up.   전화를 끊지 마세요.

We will send (a police officer / an ambulance / a fire truck) right away.   (경찰/구급차/소방차) 바로 보내 드릴게요.

6 Ooh-wee-ooh.

동화책에서 볼 수 있는 다양한 소방차 사이렌 의성어입니다.

Nee nar! Nee nar!

Nee naw! Nee naw!

Nee-nore! Nee-nore!

Wee-ooo! Wee-ooo!

Wee-oww Wee-oww!

Woo-eee! Woo-eee!

Here Comes the Fire Truck

by Super Simple Songs
https://www.youtube.com/watch?v=RI6UT82cB_E

소방차가 도로를 달려 출동합니다. 불이 난 건물에 불을 끄고, 나뭇가지 위에서 구조를 기다리는 고양이를 구합니다. 귀여운 코끼리 소방관과 시민들의 표정이 이 동요에 재미를 더합니다. 간단하면서도 유용한 가사로 노래를 부르며 소방관 놀이 하기에 좋은 동요입니다.

가사소개

Here comes the fire truck, driving down the street.
거리를 달리는 소방차가 와요.

Look at it go. 지나가는 걸 봐요.

Wave hello. 손을 흔들어 인사해요.

Fire Engine No. 9

Mike Austin (2015)

출동하는 것부터 불을 끄고, 사람을 구조하는 과정까지 모두 생동감 있는 그림과 타이포 그래피로 구현한 책입니다. Weooo! Honk! Hurry! 등 의성어와 한 마디 단어로 짧게 구성되어 있습니다. 긴급한 상황을 단순하게 잘 표현한 그림이 아이들의 흥미를 돋웁니다.

My Little Red Fire Truck

Stephen T. Johnson (2009)

칼데콧 수상 작가 Stephen T. Johnson의 조작북으로 장난감처럼 가지고 노는 책입니다. 종이로 만들어진 작은 조각 장비들로 구성되어 있습니다. 소방차의 출동 준비를 위해 주유하고, 엔진, 타이어, 사다리, 무전기, 경광등, 연장들을 직접 점검해 봅니다.

Nee Naw the Little Fire Engine

Deano Yipadee / Paul Beavis (2017)

할머니가 불에 탄 집에 갇혀 있는데, 큰 소방차들은 좁은 길을 통과해 할머니 집으로 갈 수 없습니다. 그래서 작은 꼬마 소방차 Nee Naw가 처음으로 구조하러 나섭니다. Deano Yipadee 작가의 유튜브 채널에서 이 책의 텍스트로 만든 공식 뮤직 비디오를 시청할 수 있습니다.

I'm Brave!

Kate McMullan / Jim McMullan (2014)

글밥에 비해 어휘가 다소 난이도 있는 소방차 그림책입니다. 용감하고 멋진 소방차가 소방차에 탑재된 여러 장비들과 그 장비들을 이용해 불을 끄는 과정을 소개합니다. 의성어를 이용해 재미있고, 시각적으로도 흥미롭게 보여 줍니다. McMullan 부부 작가의 자동차 시리즈는 거칠지만 개성 넘치는 주인공이 특징입니다.

Put your things away.
물건을 제자리에 갖다 놓아요.

원어민 따라읽기

WEEK 17 CONVERSATION

Parent	The living room is messy.❶ We should clean it up.❷	거실이 지저분하다. 우리 청소해야겠다.
Child	Do we have to do it right now? I'm tired!	꼭 지금 해야 해요? 난 피곤해요!
Parent	Well, it's not good to procrastinate.	음, 할 일을 미루는 건 좋지 않아.
Child	All right. Then could you help me?	알았어요. 그럼 도와줄 수 있어요?
Parent	Yes. Let's sing while we tidy up. Clean up. Clean up. Everybody, let's clean up. Clean up. Clean up. Put your things away. Pick up your toys.❸ Pick up your books. Pick up your shoes. Put your things away.	그래. 정리하면서 노래 부르자. 정리해요. 정리해요. 모두, 정리해요. 정리해요. 정리해요. 물건을 제자리에 갖다 놓아요. 장난감을 주워요. 책을 주워요. 신발을 주워요. 물건을 제자리에 갖다 놓아요.
Child	Where should I put this?❹	이건 어디에 놓아야 해요?
Parent	It belongs on that shelf over there.	저기 저 선반 위가 제자리야.
Child	Where does this go?	이건 어디에 놓아요?
Parent	Put it in the cabinet. All clean. Good job!❺	장에다 넣어. 다 깨끗해졌네. 잘했어.

1 messy

messy는 '지저분한', '엉망인'이라는 뜻입니다. 다른 표현을 알아볼까요.

The closet is cluttered.   옷장이 어수선해요.

The kitchen is dirty.   주방이 더러워요.

The bookshelf is disorganized.   책장이 정리되지 않았어요.

The living room is messy.   거실이 지저분해요.

The bathroom is stinky.   욕실이 냄새나요.

2 clean up

동사 **clean**은 넓은 의미로 '닦다', '청소하다'라는 뜻이고, 좀 더 구체적으로 표현할 때는 구동사 **clean off**, **clean out**, **clean up**을 사용합니다.

clean	닦다, 청소하다
clean off	표면을 닦다, 청소하다
clean out	내부를 닦다, 청소하다
clean up	넓은 공간을 닦다, 청소하다

Could you clean the table? / Could you clean off the table?
식탁을 닦을 수 있어?

I cleaned the oven. / I cleaned out the oven.
오븐을 청소했어.

Please clean your room. / Please clean up your room.
너의 방을 청소하렴.

3 ▶ **Pick up your toys.** ────────────

아이들하고 집을 청소할 때 사용하기 좋은 표현들을 모아 봤습니다.

Close the windows. 창문을 닫아.

Fold your clothes. 네 옷을 개.

Hang up your backpack. 네 백팩을 걸어.

Line up the toy cars. 장난감 자동차를 줄 세워 정리해.

Make your bed. (침대의) 이불을 정리해.

Organize the sofa cushions. 소파 쿠션을 정리해.

Pick up the marbles. 구슬을 주워.

Put away your books. 네 책들을 제자리에 놔.

Put the cars in the toy chest. 자동차들을 장난감 상자에 넣어.

Put the dirty dishes in the sink. 더러운 접시를 싱크대에 넣어.

Put the trash in the trash can. 쓰레기를 쓰레기통에 넣어.

Put the bottles in the recycling bin. 병을 재활용통에 넣어.

Separate the paper and the plastic. 종이와 플라스틱을 분리해.

Separate the blocks by color. 블록을 색깔별로 분리해.

Sort the books by size. 책을 크기별로 분류해.

Stack the boxes. 상자를 쌓아.

Throw away the candy wrappers. 사탕 포장지를 버려.

Turn off the robot. 로봇을 꺼.

Turn on the air purifier. 공기 청정기를 켜.

Vacuum the floor. 바닥을 진공청소기로 청소해.

Wipe down the table. 식탁을 닦아.

4 Where should I put this?

"이걸 어디에 놓아야 해요?" 이 질문에 대한 다양한 대답을 연습해 보세요.

Put it _____ .

in the bin/tub. 통에 넣어.

in the box. 상자에 넣어.

in the closet. 옷장에 넣어

in the kitchen. 주방에 넣어.

in the trash can. 쓰레기통에 넣어.

next to the chair. 의자 옆에 놔.

next to the sofa. 소파 옆에 놔.

next to the remote. 리모컨 옆에 놔.

on the shelf. 선반에 놔.

on the table. 식탁에 놔.

on the windowsill. 창턱에 놔.

under the bed. 침대 밑에 넣어.

under the TV. TV 밑에 넣어.

5 Good job!

"잘했어!" 하고 칭찬할 때 사용하기 좋은 표현입니다.

Amazing! 놀라워!

Awesome! 엄청나!

Excellent! 훌륭해!

Good! / Very good! 좋아!

Good effort! 수고했어!

Great! 훌륭해!

Great work! 수고했어!

Keep it up! 그대로 계속해!

Much better! 훨씬 나아!

Nice job! 잘했어!

Outstanding! 뛰어나!

Way to go! 잘했어!

Well done! 잘했어!

Wonderful! 아주 멋져!

Clean Up

by Super Simple Songs

https://www.youtube.com/watch?v=SFE0mMWbA-Y

멜로디가 중독성 있는 정리 정돈 관련 노래입니다. 아이들이 정리하기 싫어할 때 이 노래를 같이 부르며 물건들을 치우면 아이들은 즐거워지고 부모는 일이 조금 덜어져서 서로에게 유익한 노래입니다.

가사소개

Clean up. Clean up.   정리해요. 정리해요.

Everybody, let's clean up.   모두, 정리해요.

Put your things away.   물건을 제자리에 갖다 놓아요.

Fix This Mess!

Tedd Arnold (2014)

《Fly Guy》 시리즈 작가의 작품입니다. 소년 Jake는 로봇을 택배로 받자마자 집 청소를 시킵니다. 그런데 로봇은 청소는커녕 상황을 더 악화시킵니다. 그러다 로봇은 마침내 문제를 해결할 방법을 알아냅니다. 그건 바로 주인 Jake에게 청소를 시키는 것입니다.

Just a Mess

Mercer Mayer (1987)

야구 글러브를 잃어버린 Little Critter는 하는 수 없이 방을 청소하게 됩니다. 쓰레기를 침대 밑에 밀어 넣고, 장난감을 옷장에 꽉 채우고, 서랍에 옷을 가득 채우며 대충대충 청소를 하지만 그게 더 현실감 있어 귀엽습니다. 《Little Critter》 시리즈 중 한 권입니다.

How Do Dinosaurs Clean Their Rooms?

Jane Yolen / Mark Teague (2004)

방 청소는 어떻게 하는 걸까요? 아이들이 방 청소를 할 때 흔히 하는 여러 가지 사례를 공룡을 통해 좋은 예, 나쁜 예로 보여 주는 인성 동화입니다. 열심히 청소해서 뿌듯해하는 공룡들과 부모들의 표정이 독자들을 기분 좋게 합니다.

Max Cleans Up

Rosemary Wells (2000)

Max의 방에는 모래로 꽉 채워진 덤프트럭, 개미집에서 탈출한 개미 떼, 썩은 부활절 달걀, 그리고 껌 조각이 있습니다. 그래서 책임감 넘치는 누나 Ruby가 Max에게 청소하는 법을 알려 줍니다. 하지만 장난꾸러기 Max가 누나의 말을 잘 들을 리가 없죠. 유튜브에 애니메이션도 있습니다.

Could you help me fold the laundry?
빨래 개는 걸 도와줄 수 있어?

원어민 따라읽기

WEEK 18 CONVERSATION

Parent	The laundry is all dry.❶ Could you help me fold the laundry?❷	빨래가 다 말랐네. 빨래 개는 걸 도와줄 수 있어?
Child	Okay.	네.
Parent	You can match the socks. Don't forget to turn them right side out.	양말 짝을 맞추면 되겠네. 똑바로 돌려 놓는 걸 잊지 마.
Child	How many pairs❸ are there?	몇 켤레 있어요?
Parent	Let's find out.❹ Put Daddy's socks here, Mommy's socks there, and yours over there.	한번 알아보자. 아빠 양말은 여기에, 엄마 양말은 저기에, 네 양말은 저쪽에 놔.
Child	I'm making three piles.	더미를 3개 만들고 있어요.
Parent	You are doing a great job.	잘하고 있어.
Child	There are eleven pairs. Oh, this polka dot sock❺ doesn't have a match.	11켤레 있어요. 오, 이 물방울무늬 양말은 짝이 없어요.
Parent	That's odd. Just put it in the sock drawer then. Maybe it will turn up later.	이상하네. 그럼 그냥 양말 서랍에 넣어. 나중에 나타날 수도 있겠어.

dry ————————————————

동사 **dry**와 관련된 구동사 **dry off**, **dry out**의 뜻을 구분해서 알아볼까요? '구동사(**phrasal verbs**)'란 '동사＋부사' 형태나 '동사＋전치사'의 구조로 주로 이루어지는데, 동사 원래의 의미와는 다소 다른 새로운 의미가 됩니다.

dry	말리다
dry off	(표면을) 말리다
dry out	(속까지) 말리다

dry

I dried the laundry.　나는 빨래를 말렸어요.

The laundry has dried.　빨래가 말랐어요.

Let's dry your clothes.　네 옷을 말리자.

dry off

I dried off my umbrella.　나는 우산(표면)을 말렸어요.

The umbrella has dried off.　우산(표면)이 말랐어요.

Let's dry off your hair.　머리를 말리자.

(I dried my umbrella. The umbrella has dried. Let's dry your hair.도 상황에 따라 사용 가능합니다.)

dry out

I dried out the flower petals.　나는 꽃잎을 속까지 말렸어요.

The marker has dried out.　사인펜이 속까지 말랐어요.

Let's dry out these mangoes.　망고를 속까지 말리자.

② ▶ Could you help me fold the laundry? ─────

'Could you help me ~?'는 '~를 도와줄 수 있어?'라는 뜻입니다. 이 표현을 이용해 빨래할 때 도움을 요청해 볼까요?

Could you help me put the laundry in the washing machine?
세탁기에 빨래 넣는 걸 도와줄 수 있어?

Could you help me measure the laundry detergent?
세제 양을 재는 걸 도와줄 수 있어?

Could you help me separate the light and dark colors?
(빨래를) 밝은 색과 어두운 색으로 분리하는 걸 도와줄 수 있어?

Could you help me put the laundry in the dryer?
건조기에 빨래 넣는 걸 도와줄 수 있어?

Could you help me move the laundry to the dryer?
건조기로 빨래를 옮기는 걸 도와줄 수 있어?

Could you help me hang the laundry?
빨래 너는 걸 도와줄 수 있어?

Could you help me fold the laundry?
빨래 개는 걸 도와줄 수 있어?

Could you help me put away the laundry?
빨래를 제자리에 갖다 놓는 걸 도와줄 수 있어?

③ ▶ pairs ─────

2개가 세트를 이루는 걸 pair라고 하지요. 그런데 한 세트에 3개, 4개가 있을 때는 어떻게 표현할까요? 그럴 때는 'set of + 숫자'로 표현하면 됩니다.

The shirts are sold in a set of three.
그 셔츠는 3벌 1세트로 판매합니다.

I need a set of three outfits for the trip.
여행을 가기 위해 의상 3세트가 필요해요.

find out ────────────────────

find out과 **discover**는 둘 다 '알아내다, 발견하다'로 번역되지만, 어감에 차이가 있습니다.

find out	(이미 존재하거나 알려진 것을) 찾아내다, 알아내다
discover	(새로운 사실이나 존재를) 찾아내다, 발견하다

I found out the reason.   제가 (다른 사람들은 이미 알고 있었던) 그 이유를 알아냈습니다.

I discovered a new star.   제가 새로운 별을 (최초로) 발견했습니다.

 polka dot sock ────────────────

양말은 보통 촉감이나 디자인으로 특징을 표현하곤 합니다. 양말이나 옷의 무늬를 표현한 말을 영어로 배워 봅시다.

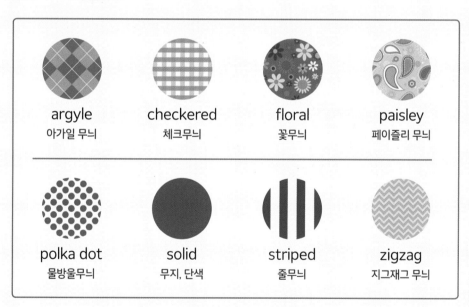

argyle 아가일 무늬	checkered 체크무늬	floral 꽃무늬	paisley 페이즐리 무늬
polka dot 물방울무늬	solid 무지, 단색	striped 줄무늬	zigzag 지그재그 무늬

I can't find my argyle socks.   아가일 양말이 안 보여요.

Have you seen my blue checkered socks?   내 파란색 체크무늬 양말 봤어요?

The Socks Song

by Cocomelon

https://www.youtube.com/watch?v=bQGj3F5KTB8

남매가 양말로 가득 찬 상자를 발견하고는 양말들의 짝을 찾으며 부르는 노래입니다. 상자 안에는 알록달록한 양말, 보송보송한 양말, 줄무늬가 있는 양말, 그리고 구멍 있는 양말까지 다양한 양말들이 있습니다.

가사소개

Look what I found on the very top stair. 맨 위 계단에서 내가 뭘 찾았는지 보세요.

It looks like a box, and it's filled with socks. 상자처럼 보이고, 양말로 가득 차 있어요.

How many pairs do you think we'll find? 우리가 몇 켤레를 찾을 것 같아요?

Washing Line

Jez Alborough (1993)

빨랫줄에 걸린 길쭉한 줄무늬 양말, 소매가 긴 스웨터, 작은 드레스, 기다란 목도리, 그리고 커다란 속옷은 누구의 것일까요? 그림을 보면서 추측해 보는 재미가 있는 책입니다. 빨랫줄에서 잘 마른 옷을 입고 동물 친구들은 무엇을 할까요? 마지막 반전이 재미있습니다.

Mrs. McNosh Hangs Up Her Wash

Sarah Weeks / Nadine Bernard Westcott (1997)

매주 월요일 새벽, Mrs. McNosh는 큰 통을 꺼내 빨래를 하기 시작합니다. 옷을 모두 빨아 널더니 집안 살림살이들과 개까지도 빨아서 널어 버립니다. 마지막으로 빨랫줄에 걸린 것은 무엇일까요? 놀라운 결말이 아이들의 상상력을 키우는 데 자극이 됩니다.

Knuffle Bunny

Mo Willems (2004)

아기 Trixie는 아빠, 애착인형 Knuffle Bunny와 함께 빨래방에 갑니다. 빨래를 세탁기에 넣고 집으로 돌아가는데 그만 애착인형이 사라졌습니다. 아직 말을 못 하는 아기 Trixie는 온 힘을 다해 아빠에게 이 사실을 전하려고 합니다. 이 책과 후속작 2권 모두 작가와 딸의 실화를 바탕으로 한 것입니다.

Laundry Day

Jessixa Bagley (2017)

심심한 꼬마 오소리 Tic과 Tac은 엄마를 도와 빨래를 줄에 널기로 합니다. 엄마가 시장에 간 사이, 아이들은 나무 기둥에 줄을 매고 집 안의 모든 것을 하나씩 꺼내 널어 버립니다. 집에 돌아온 엄마 오소리의 반응은 어떨까요? 꼬마 오소리들은 빨래를 어떻게 널어 놓았을까요?

Which book do you want to read?

어떤 책을 읽고 싶어?

원어민 따라읽기

WEEK 19 CONVERSATION

Parent	It's story time.❶	책 읽을 시간이야.
	Which book❷ do you want to read?	어떤 책을 읽고 싶어?
Child	Um... could you pick one for me?	음… 저 대신 골라 줄 수 있어요?
Parent	Well, do you want to read about aliens or dragons?	글쎄, 외계인에 대해 읽고 싶어, 아니면 용에 대해 읽고 싶어?
Child	Aliens!	외계인요!
Parent	Okay. Let's read *Mr. Wuffles!* by David Wiesner. Now, please sit down❸ and listen.	그래. 데이비드 위즈너 작가의 《Mr. Wuffles!》를 읽자. 이제, 앉아서 들으렴.
Child	Okay.	네.
Parent	Look at the cat. What do you think is going to happen next?❹	고양이를 봐. 다음에 무슨 일이 일어날 것 같아?
Child	I think it will eat the aliens.	외계인들을 잡아먹을 거 같아요.
Parent	That's a good guess. My guess is the cat will run away. Let's turn the page to find out.	좋은 추측이야. 내 추측은 고양이가 도망갈 거 같아. 다음 장으로 넘겨서 알아보자.

It's story time.

'~를 할 시간이야.'는 '**It's time to ~**'로 표현할 수 있지만, 아이들한테 간단하게 '**It's ~ time.**' 으로 표현할 수도 있습니다. (참고로 **storytime**은 storytime, 그리고 **story time**처럼 한 단어, 혹은 두 단어로 쓸 수 있습니다. 일상에서 아주 흔히 사용하는 표현들은 붙여서 주로 한 단어로 씁니다.)

bathtime 목욕 시간	meal time 식사 시간
bedtime 자는 시간	naptime 낮잠 시간
breaktime 쉬는 시간	playtime 놀이 시간
clean up time 정리 시간	snack time 간식 시간
dance time 춤추는 시간	TV time TV 시청 시간

It's time for a movie. = It's movie time.   영화 볼 시간이야.

It's time for a nap. = It's naptime.   낮잠 잘 시간이야.

2 book

책의 종류를 알아봅니다.

chapter book 챕터 북*	folktale 전래 동화
comic book 만화책	graphic novel 만화(의 형태로 된) 소설
dictionary 사전	nonfiction book 논픽션 책
early reader book / beginning reader book 리더스 북*	novel 소설

* 챕터 북: chapter로 이루어진 책, 주로 이야기 책.

* 리더스 북: early reader를 위한 책. 그림책과 챕터 북의 중간에 위치함.

encyclopedia 백과사전	picture book 그림책
fairy tale 동화	reference book 참고 도서

다음은 책과 관련된 용어들을 알아보도록 합니다.

title 제목

The title of this book is *Where the Wild Things Are*.
이 책의 제목은 《괴물들이 사는 나라》예요.

author / writer 글 작가

The author is Sarah Stewart. She also wrote *The Library*.
글 작가는 사라 스튜어트예요. 그녀는 《도서관》도 썼어요.

illustrator 그림 작가

The illustrator is David Small. I like the way he draws.
그림 작가는 데이비드 스몰이에요. 나는 그가 그림 그리는 방식이 마음에 들어요.

cover 표지 (front cover, back cover)

The front cover has embossed elements. Touch here.
앞표지에 엠보싱 요소가 있어요. 여기를 만져 보세요.

endpaper 면지

The endpapers are yellow. What do you think the yellow represents?
면지는 노란색이에요. 노란색이 무엇을 의미한다고 생각해요?

spine 책등

There is a little bear on the spine. 책등에 작은 곰이 있어요.

③ sit down ―――――――――――――――――――――――――――――

'앉다'는 영어로 **sit**이지요. 그런데 앉는 동작은 **sit down**, 혹은 **sit up**으로 자주 표현되곤 합니다. 서 있는 상태에서 '앉다'는 **sit down**이고, 누워 있는 상태 혹은 상체를 뒤로 젖힌 상태에서는 **sit up**을 사용해야 하지요.

I am sitting.   나는 앉아 있어요.

I'm tired from walking so much. I need to sit down.
많이 걸어서 지쳤어요. 앉아야 해요.

Sit up to drink this medicine.   이 약을 마시게 일어나 앉아요.

④ What do you think is going to happen next? ―

아이들과 함께 책을 읽을 때 유용한 질문들입니다.

BEFORE YOU READ (책을 읽기 전 질문하기)

Do you think this book will be interesting?   이 책이 재미있을 것 같아?

Is this story fiction or nonfiction?   이 이야기는 픽션이야, 논픽션이야?*

Look at the cover page. Can you read the title?   표지를 봐. 제목을 읽을 수 있어?

What do you think this book is about?   이 책은 어떤 내용인 거 같아?

* 픽션 : 지어낸 이야기, 소설 | 논픽션 : 사실, 실화

WHILE YOU READ (책을 읽는 동안 질문하기)

What do you think will happen next?   다음에 무슨 일이 일어날 것 같아?

What is this character doing?   이 캐릭터(등장인물)는 뭐 하고 있어?

Why do you think the character is doing that?   그 캐릭터는 왜 그러는 거 같아?

Have you ever done that before?   넌 그렇게 해 본 적 있어?

Which animal/character/food here is your favorite?
여기서 어떤 동물/캐릭터/음식이 가장 좋아?

Are you ready to move on to the next page?   다음 장으로 넘어갈 준비 됐어?

AFTER YOU READ (책을 읽고 나서 질문하기)

What do you think of the ending?　결말에 대해 어떻게 생각해?

Do you like the ending?　결말이 마음에 들어?

Who is your favorite character?　가장 좋아하는 캐릭터는 누구야?

What did you like/dislike about the main character?
주인공에 대해 어떤 점이 마음에 들었어/들지 않았어?

What would you have done if you were the main character?
네가 주인공이었다면 어떻게 했을 것 같아?

Does this book remind you of anything?
이 책을 읽으면서 떠오르는 게 있어?

WEEK 19 SONG OF THE WEEK

Storytime Song

by Fun Kids English
https://www.youtube.com/watch?v=gwBoXWVIYCk

책을 읽어 주는 스토리타임 시간에는 바르게 앉아서 이야기에 집중하여 잘 들으라고 차분한 노래로 말해 줍니다. 동요가 차분하고 반복적이어서 아이들이 스토리타임 시간에 조용히 있지 않거나 계속 돌아다니려고 할 때 사용하기 좋습니다.

가사소개

Everybody sit down.　모두 앉아요.

Quiet please.　조용히 해요.

Listen carefully.　잘 들어요.

Reading Makes You Feel Good
Todd Parr (2005)

이 책은 독서가 주는 여러 가지 장점을 소개합니다. 책을 통해서 상상을 하고, 배우고, 먼 곳을 여행하고, 좋아하는 동물을 찾아보는 등 새로운 세상을 배우고 탐험할 수 있습니다. Todd Parr 작가는 시선을 사로잡는 원색을 활용하며, 단순하고 희망적인 메시지로 어린 이들에게 영감을 줍니다.

Maisy Goes to the Library
Lucy Cousins (2009)

Maisy는 물고기에 관한 책을 읽고 싶어서 도서관에 가지만 쉽게 찾을 수 없습니다. 그래 서 도서관 컴퓨터를 사용해 보고, 그림을 복사해 보고, 음악 감상도 하고, 어항 속 물고기 도 관찰하며 이것저것 해 봅니다. 그러다 마침내 물고기에 관한 책을 발견하고 조용한 곳 에서 읽습니다.

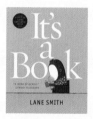

It's a Book
Lane Smith (2010)

컴퓨터를 좋아하는 당나귀가 책을 좋아하는 원숭이를 만나 책과 디지털 기계의 차이를 비 교해 봅니다. 책이 무엇인지, 책이 가진 장점은 무엇인지, 독서의 중요성과 즐거움에 대해 알게 됩니다. 21세기에 살고 있는 아이들에게는 공감할 요소가 많습니다.

We Are in a Book!
Mo Willems (2010)

Gerald와 Piggie는 누군가 자신들을 보고 있다는 걸 알아채고, 자기들이 책의 주인공인 걸 알게 됩니다. 독자들에게 특정 단어를 읽게 하고 즐거워하지만 책이 끝나 가자 두려워 합니다. Mo Willems 작가의 《Elephant and Piggie》 시리즈 중 한 권입니다.

You have to finish your homework.

숙제를 다 마쳐야지.

원어민 따라읽기

WEEK 20 CONVERSATION

Parent	Did you finish your homework?	숙제 다 했어?
Child	I still have some left.	아직 좀 남았어요.
Parent	Then, go get your phonics workbook.❶	그럼, 가서 파닉스 워크북을 가져와.
Child	May I do it later?	나중에 해도 돼요?
Parent	No, go get your phonics workbook now. I've❷ already told you once. You have to❸ finish your homework before you play.	안 돼, 지금 가서 파닉스 워크북을 가져와. 이미 한 번 말했지. 놀기 전에 숙제를 다 마쳐야지.
Child	Okay, I'll do it now.	알겠어요, 이제 할게요.
Parent	You need to do unit six❹ today. Turn to page thirty.	오늘은 6과를 해야 해. 30쪽으로 넘겨.
Child	Thirty...	30…
Parent	Sit up straight,❺ and hold your pencil properly. [after completing homework] You worked hard today. Here is a good job sticker. Now let's go eat a treat.❻	반듯이 앉고 연필을 똑바로 잡아. [숙제를 마친 후] 오늘 열심히 했네. 여기 칭찬 스티커 줄게. 이제 달콤한 것 먹으러 가자.

workbook

숙제와 관련된 단어를 알아봅니다.

assignment 과제	project 프로젝트	workbook 문제집
homework 숙제	printout 인쇄물	worksheet 문제지
textbook 교과서	report 보고서	

 ## I've

영어에서 흔히 사용하는 축약형(**contraction**)을 정리해 봤습니다.

Contraction	Word	Example
'd	had	I'd better leave now. 지금 출발하는 게 좋겠어요.
	would	It'd be better that way. 그렇게 하는 것이 더 나을 거예요.
'll	shall	I'll eat breakfast. 난 아침 먹을 거예요.
	will	You'll be late. 당신은 지각하게 될 거예요.
'm	am	I'm tired. 난 피곤해요.
're	are	You're handsome. 당신은 잘생겼네요.
's	has	He's gone to the library. 그는 도서관에 갔어요.
	is	She's sitting over there. 그녀는 저기 앉아 있어요.
	us	Let's eat lunch. 점심을 먹읍시다.
n't	not	Don't stop me. 날 막지 말아요.
've	have	We've been waiting. 우리는 기다리고 있었어요.

3 **have to** ━━━━━━━━━━━━━━━━━━━━━━━━━━━━━━━━

have to를 줄여 쓰면 **hafta**가 됩니다. 이러한 **informal contraction**(비공식 줄임말)은 대화 중에 말을 빨리 할 때 흔히 사용됩니다. 글로 쓸 때는 자연스러운 대화나 말투를 표현할 때만 사용합니다.

bet you = betcha	kind of = kinda
come on = c'mon	let me = lemme
could have = coulda	ought to = oughta
don't you = dontcha	out of = outta
don't know = dunno	should have = shoulda
give me = gimme	sort of = sorta
going to = gonna	want to = wanna
got you = gotcha	what are you, what have you = whatcha
got to = gotta	
have to = hafta	would have = woulda

I want to go home. → I wanna go home. 나 집에 가고 싶어.

I'm going to go to work. → I'm gonna go to work. 나 회사로 갈 거야.

Give me the pencil. → Gimme the pencil. 연필을 줘.

4 **six** ━━━━━━━━━━━━━━━━━━━━━━━━━━━━━━━━

파닉스 책에서는 보통 **six**의 **x**는 [**ks**]로 발음한다고 배우지만, **x**는 사실 4가지의 소리가 있습니다.

① 단어의 앞머리에서 하이픈 앞에 사용하면 [eks]로 발음합니다

    X-ray = [eks·ray] 엑스레이   X-man = [eks·man] 엑스맨

② x로 시작하는 단어에서는 [z]로 발음합니다.

　　xenon = [zee·naan]　제논　　　　　　　　xylophone = [zai·luh·fown]　실로폰

③ x 바로 뒤에 강세 모음이 있을 때는 [gz]로 발음합니다.(x로 시작하는 단어 제외)

　　exam = [uhg·zam]　시험　　　　　　　　　exact = [uhg·zakt]　정확한

④ x로 끝나거나 바로 뒤에 자음, 혹은 약세 모음이 있을 때는 [ks]로 발음합니다.(x로 시작하는
　　단어 제외)

　　six = [siks]　육, 여섯　　　　　　　　　　extra = [ek·struh]　추가되는 것, 추가의

5 Sit up straight

공부할 때 자세를 바르게 하고, 집중하라고 말할 때 흔히 사용하는 표현들입니다.

Don't fidget. / Stop fidgeting.　꼼지락거리지 마.

Don't slouch. / Stop slouching.　자세를 구부정하게 하지 마.

Focus. / Pay attention.　집중해.

Hold your pencil straight. / Hold your pencil properly.
연필을 똑바로 잡아. / 연필을 제대로 잡아.

Keep your eyes on the page.　페이지에서 눈을 떼지 마.

Let's do up to here today.　오늘은 여기까지 하자.

Let's do up to page 63.　63페이지까지 하자.

Let's finish the rest tomorrow.　나머지는 내일 끝내도록 하자.

No peeking at the answer key.　답안지 엿보기 금지야.

Show your work.　문제를 어떻게 풀었는지 적어.

Try to not get distracted.　한눈팔지 않도록 해.

Write neatly.　글씨를 깔끔하게 써.

6 treat ━━━━━━━━━━━━━━━━━━━━

treat는 아이들에게 보상을 해 줄 때 자주 사용하는 표현입니다. **treat**는 과자, 사탕, 아이스크림 등 달콤한 것, 혹은 휴식, 보석 등 비유적으로 달콤한 것을 가리킵니다.

비슷한 단어로는 **goody**가 있습니다. '좋은 것'이라는 뜻이고 소소한 **treat**를 가리킵니다. **goody**는 또한 **party favor**(파티에 온 손님에게 주는 답례품)의 의미로도 사용합니다.

Let's go eat a treat to celebrate.
축하하기 위해 달콤한 거 먹으러 가자.

Don't forget to take a birthday goody on your way out.
나가면서 생일 파티 답례품 챙기는 것 잊지 마.

Homework Song

by Banana Cartoon

https://www.youtube.com/watch?v=-W1MwM15_KQ

숙제를 미루고 비디오 게임을 하던 아이가 학교에서는 선생님에게, 집에서는 부모님에게 혼난 뒤, 다시 마음을 잡고 숙제를 열심히 하는 내용입니다. 노랫말에는 "노력한 만큼 똑똑해지고 그만큼 보상도 될 거다."라는 조언도 있습니다.

가사소개

Please go do it now.   지금 가서 해요.

Your teacher will be glad.   선생님께서 기뻐하실 거예요.

Your homework makes you smart.   숙제는 당신을 똑똑하게 만들어 줘요.

I Didn't Do My Homework Because...

Davide Cali / Benjamin Chaud (2013)

원숭이들을 가득 태운 비행기가 마당에 착륙해서, 로봇이 집을 부숴서, 요정들이 연필을 모두 숨겨서, UFO에 납치를 당해서 등등, 숙제를 해 오지 못한 이유에 대한 변명은 끝이 없습니다. 숙제하기 싫은 아이들을 위한 책으로, 기상천외한 변명과 삽화의 세밀한 묘사가 웃음을 줍니다.

When Pencil Met Eraser

Karen Kilpatrick, Luis O. Ramos, Jr. / Germán Blanco (2019)

연필이 열심히 그린 작품을 지우개는 계속 지웁니다. 그래서 빽빽한 도시 속에 하늘을 만들고, 초원에 길을 만들고, 폭풍우 치는 파도를 없애 버립니다. 서로 정반대의 성향을 지녔지만 둘은 함께 작업하면 작품이 훨씬 좋아진다는 것을 발견합니다.

Baa Baa Smart Sheep

Mark Sommerset / Rowan Sommerset (2010)

심심한 양이 똥 더미를 발견합니다. 칠면조가 뭐냐고 묻자 양은 '똑똑해지는 약'이라고 설명합니다. 말풍선을 통해 두 캐릭터의 반복적인 대화가 이어지면서 이야기가 전개되는 재미있는 그림책입니다. 배설물과 관련된 책을 좋아하는 아이들에게는 후속작 《I Love Lemonade》도 추천합니다.

The Smart Cookie

Jory John / Pete Oswald (2021)

쿠키는 똑똑한 쿠키가 되고 싶지만 막상 학교에 가 보니 성적이 좋지 않고, 시험도 맨 마지막으로 끝내고, 항상 뒤처지기만 합니다. 그러다가 어느 날 선생님이 주신 숙제를 통해 시를 쓰게 되고 각자 가진 재주가 다르다는 것을 깨닫게 됩니다. 《The Food Group》 시리즈 중 한 권입니다.

May I watch some TV?
TV 좀 봐도 돼요?

원어민 따라읽기

WEEK 21 CONVERSATION

Child	May I watch some TV?	TV 좀 봐도 돼요?
Parent	It depends.❶ What do you want to watch?	글쎄, 상황에 따라 다르지. 뭐 보고 싶은데?
Child	I want to watch *Peppa Pig*.	《페파 피그》를 보고 싶어요.
Parent	Okay, then just watch two episodes.❷	그래, 그럼 딱 2회분만 봐.
Child	Deal!❸	협상 완료!
Parent	Don't sit too close to the screen.❹ Move back please.	화면에 너무 가까이 앉지 마. 뒤로 가렴.
Child	Now I can't hear it well.	이제 잘 안 들려요.
Parent	I will turn up the volume.❺	소리를 높여 줄게.
Child	Thank you. Ha ha. George is so funny.	고마워요. 하하. 조지가 너무 웃겨요.
Parent	The two episodes are over. It's time to turn off❻ the TV. I don't want your eyes to go bad. Let's watch more at another time.	2회분이 끝났네. TV 끌 시간이야. 네 눈이 나빠지는 걸 원하지 않아. 다음에 더 보자.

It depends.

It depends.는 "글쎄, 상황에 따라 달라."라는 뜻이고, 그 상황을 더 정확히 표현하려면 'It depends on + 명사(~에 따라 다르다.)'로 표현하면 됩니다.

It depends on the context.　맥락에 따라 달라.
It depends on the cost.　가격에 따라 달라.
It depends on the day.　날(요일)에 따라 달라.
It depends on my mood.　내 기분에 따라 달라.
It depends on the person.　사람에 따라 달라.
It depends on the reason.　이유에 따라 달라.

 episodes

episode와 clip은 어떻게 다를까요? 영상 관련 용어들을 정리했습니다.

clip　클립(필름 중 일부만 따로 떼어서 보여 주는 부분)

May I watch this clip?　이 클립 봐도 돼요?

episode　(라디오·텔레비전의 연속 프로그램 중에서) 1회 방송분

I watched two episodes yesterday.　나는 어제 2회분을 봤어요.

season(미) series(영)　(텔레비전 프로그램이 한 차례 방영되는) 시즌

The series has four seasons.(미)　그 시리즈에는 4개의 시즌이 있어요.
The programme has four series.(영)　그 시리즈에는 4개의 시즌이 있어요.

series(미) show(미, 영) programme(영)　(라디오·텔레비전의) 시리즈

There is a new series coming out soon.(미)　곧 새 시리즈가 나올 거예요.
(* There is a new series coming out soon.(영)　곧 새 시즌이 나올 거예요.)
There is a new programme coming out soon.(영)　곧 새 시리즈가 나올 거예요.

* 이처럼 미국식 영어와 영국식 영어에서 series의 뜻이 서로 다릅니다. 미국에서는 방송 프로그램 전체를 series라고 하고, 영국에서는 한 시즌을 series라고 합니다.

3 **Deal!** ━━━━━━━━━━━━━━━━━━━━━━━━━━━━━━━━━━━

평소에 아이들과 거래를 자주 하나요? 아무래도 서로 상반되는 의견을 조율하려다 보면 자주 거래하게 되지요. 그래서 **deal**(거래/합의)과 관련한 표현들을 정리해 봤습니다.

Deal! 합의할게! / 협상 완료!

Deal or no deal? 거래할래, 말래?

Deal with it. 받아들여.

Is that a deal? 그렇게 합의할 거야?

It's already a done deal. 이미 합의가 다 끝났어.

Let's make a deal. 거래하자.

4 **Don't sit too close to the screen.** ━━━━━━━━

아이들이 **TV**를 볼 때 사용할 수 있는 유용한 표현들입니다.

Let's watch just one episode. 딱 1회분만 보자.

Let's watch just two more episodes. 딱 2회분만 더 보자.

You have ten minutes left. 10분 남았어.

It's time to turn off the TV. TV를 끌 시간이야.

That's enough TV for today. 오늘은 여기까지 TV를 보자.

Keep your hands off the screen. 화면을 만지지 마.

Please don't touch the screen. 화면을 만지지 말렴.

Please sit up straight. 똑바로 앉으렴.

Could you pass me the remote? 리모컨 나에게 줄래?

Please put the remote back in its proper place. 리모컨을 제자리에 다시 놓으렴.

5 **I will turn up the volume.**

아이와 함께 영상을 시청할 때 사용할 만한 표현들을 더 알아봅니다.

Could we watch something else?   다른 걸 봐도 될까?

Don't skip the ending credits.   엔딩 크레디트를 건너뛰지 마.

Let's turn on the subtitles.   자막을 켜자.

May I change the channel?   채널을 돌려도 될까?

Please skip the opening credits.   오프닝 크레디트를 건너뛰어 줘.

Should I turn up the volume?   볼륨 올릴까?

Should I turn down the volume?   볼륨 내릴까?

영상의 내용과 관련해서 대화를 나눌 수 있는 유용한 표현들입니다.

I can relate to that.   난 그거에 공감할 수 있어.

I can't believe that happened.   그런 일이 일어났다는 게 믿기지 않아.

I never thought that would happen.   나는 그런 일이 일어날 줄 전혀 몰랐어.

I like that character.   나는 그 캐릭터가 좋아.

The ending was so unexpected.   결말이 너무 뜻밖이었어.

That looks like so much fun.   너무 재미있을 것 같아.

That was so realistic.   매우 현실적이었어.

That was so scary.   참 무서웠어.

This part is interesting.   이 부분은 재미있어.

6 **turn off**

예전에는 **TV**, 라디오 등 여러 전자기기를 다이얼로 조작했기 때문에 끄다, 켜다, 소리를 줄이다, 소리를 키우다는 모두 동사 **turn**을 사용했답니다. 그래서 전자기기를 조절하는 건 주로 '**turn**＋전치사'로 표현합니다.

turn on	켜다	turn off	끄다
turn up	소리를 키우다, 볼륨을 올리다	turn down	소리를 낮추다, 볼륨을 내리다

Turn on the TV. TV를 켜세요.
Turn off the fan. 팬을 끄세요.
Turn up the volume. 볼륨을 키우세요.
Turn down the lights. 조명을 줄이세요.

WEEK 21 SONG OF THE WEEK

Don't Watch Too Much TV

by One Zeez

https://www.youtube.com/watch?v=u43jcHktEYY

TV만 보려고 하는 아이한테 친구들이 책을 읽자, 공놀이를 하자 등등 제안을 해도 반응이 없습니다. 소파에 가만히 앉아 멍하니 **TV**만 봅니다. 결국 친구들이 **TV** 플러그를 뽑아 버리고 나서야 아이는 친구들과 어울리게 됩니다. **TV**보다 더 재미있는 것들이 많다고 알려 주는 동요입니다.

가사소개

It is easy to watch too much TV. TV를 너무 많이 보기는 쉬워요.
Let's turn off the TV set. TV를 꺼요.
Let's unplug that silly TV. 그 우스꽝스러운 TV의 플러그를 뽑아요.

Hello! Hello!
Matthew Cordell (2002)

세상은 밝고 화창하지만 Lydia의 가족은 그 사실을 알아채지 못합니다. 아버지는 전화로 문자를 보내느라 바쁘고, 어머니는 노트북으로 작업하느라 바쁘고, 동생은 전혀 인사하지 않습니다. Lydia가 집 밖으로 나가 "안녕, 낙엽!", "안녕, 꽃!"을 외치며 세상에 인사하면서 Lydia는 물론 가족에게도 변화가 생깁니다.

Blackout
John Rocco (2011)

가족 모두 각자의 일로 분주한 어느 무더운 여름밤, 갑자기 정전이 일어납니다. 시원한 곳을 찾아 밖으로 나가니 이웃들도 모두 나와 암흑 속에서 플래시 불빛만으로 즐거운 시간을 보냅니다. 2003년 미국 북동부에서 발생한 대정전에서 영감을 받은 스토리입니다.

Unplugged
Steve Antony (2017)

컴퓨터에 연결된 Blip은 하루 종일 컴퓨터를 하면서 즐거운 시간을 보내다 정전이 일어나자 와이어 위로 넘어져 밖으로 굴러 나가게 됩니다. Blip의 흑백 세계는 새로운 친구들과 함께 놀고 하루 종일 모험을 하면서 알록달록한 세계로 바뀝니다.

Tek, the Modern Cave Boy
Patrick McDonnell (2016)

Tek은 태블릿, 비디오 게임, 스마트폰에 푹 빠진 원시인 소년입니다. 아무리 말려도 소용이 없습니다. 그러던 어느 날 마을 화산이 스스로 폭발을 일으키자 Tek은 동굴 밖으로 튕겨 나오고 자연과 세상에서 재미를 찾게 됩니다. 태블릿 모양의 표지와 구성에 아이들은 무척 흥미로워합니다.

미국엄마와 함께하는
리얼 엄마표 영어

Outdoor Activities

| 야외 활동 |

Let's stop by the playground.
놀이터 들렀다 가자.

원어민 따라읽기

WEEK 22 CONVERSATION

Parent　We have twenty minutes left before dinner. Let's stop by the playground.

저녁 먹기 전에 20분 남았어.
놀이터 들렀다 가자.

Child　Hooray! Could you push me on the swing?

야호! 그네에 탄 나를 밀어 줄 수 있어요?

Parent　Of course,❶ but be careful.❷
Don't walk in front of the swings.❸
Go around to the side.

물론이지, 그런데 조심해.
그네 앞에서 걷지 마.
옆으로 돌아서 가.

Child　Okay. Push me high, please.❹

네. 높이 밀어 주세요.

Parent　Sure thing.
Hold on tight with both hands.

물론이지.
두 손으로 꽉 잡아.

Child　Higher! Higher!

더 높이! 더 높이!

Parent　Pump your legs to go higher.
Swing your legs forward and backward.

더 높이 가려면 다리를 굴러 봐.
다리를 앞뒤로 흔들어.

Child　Haha! Look at me!
I'm up so high!

하하! 나 좀 보세요!
엄청 높이 올라왔어요!

Parent　So you are! But twenty minutes are up.
Let's go home now for dinner.

정말 그렇네! 근데 20분이 다 지났어.
이제 저녁 먹으러 집에 가자.

---

① Of course

Of course.는 "물론이야, 당연하지."라는 뜻입니다. 같은 의미의 다른 표현도 알아볼까요?

> Absolutely. 전적으로 틀림없이 물론이야.
>
> Certainly. 틀림없이, 분명히 물론이야.
>
> Definitely. 확실히 물론이야.
>
> Sure thing. 물론(염려 없어).
>
> You bet. 물론이지(그럼).

② be careful

Be careful.은 "조심해."라는 뜻으로 아이에게 주의를 줄 때 사용하는 표현입니다. 비슷한 말로 **Watch out.**이 있는데, 이는 주위를 살펴보면서 조심하라는 뜻입니다.

Be careful not to + 동사. ~하지 않도록 조심해.

> Be careful not to fall. 넘어지지 않도록 조심해.
>
> Be careful not to slip. 미끄러지지 않도록 조심해.
>
> Be careful not to catch a cold. 감기 걸리지 않도록 조심해.
>
> Be careful not to hurt your ankle. 발목 다치지 않도록 조심해.

Watch out for + 명사. ~를 조심해.

> Watch out for bears. 곰들을 조심해.
>
> Watch out for cars. 차들을 조심해.
>
> Watch out for falling rocks. 떨어지는 돌들을 조심해.
>
> Watch out for wild animals. 야생 동물들을 조심해.

3 ## swings ───────────────────────

놀이터에서 볼 수 있는 다양한 놀이 기구들의 이름을 알아보고, 그 놀이기구와 관련된 표현들을 알아볼까요?

Playground Equipment 놀이터 기구

(horizontal) bar 철봉

How long can you hang on the bar? 철봉에 얼마나 오래 매달릴 수 있어?

I'll catch you if you fall. 떨어지면 잡아 줄게.

Pull yourself up on the bar. 철봉에서 몸을 위로 당겨 봐.

Try hanging on the bar. 철봉에 매달려 봐.

jungle gym(미) / climbing frame(영) 정글짐

Can you make it to the top? 꼭대기까지 갈 수 있어?

Do you need help getting down? 내려오는 데 도움이 필요해?

Put your foot here. 발을 여기에 놔.

monkey bars 구름사다리

Can you go two bars at a time? 한 번에 바 두 개를 갈 수 있어?

Holler if you need help. 도움이 필요하면 큰 소리로 불러.

There are just two more bars left! 이제 딱 바 두 개만 남았어!

playset 조합놀이대

Hold on to the handrails. 난간을 잡아.

No pushing. 밀면 안 돼.

Watch your head. 머리 조심해.

rope bridge 밧줄다리

Go slowly. 천천히 가.

Take your time. 천천히 해.

Try to keep your balance. 균형을 유지하도록 해 봐.

Watch your step. 앞을 잘 보고 걸어.

merry-go-round / playground spinner / roundabout / carousel 뺑뺑이

- Are you dizzy? 어지러워?
- Tell me when to stop. 언제 멈출지 말해 줘.
- Wow! You're going so fast! 와! 엄청 빨리 가고 있어!

sandpit / sand box 모래밭, 모래상자

- I will help you dig a hole. 구덩이를 파는 걸 도와줄게.
- Let's go get our sand toys. 모래 장난감을 가지러 가자.
- Try not to get sand in your eyes. 눈에 모래가 들어가지 않도록 해.

slide 미끄럼틀

- Don't climb up the slide. 미끄럼틀 올라가지 마.
- Don't cut in line. 새치기하지 마.
- Go up the steps. 계단으로 올라가.
- Make sure no one is at the bottom. 밑에 아무도 없는지 확인해.

splash pad / splash park 물놀이터

- It's break time. 쉬는 시간이야.
- Stay where I can see you. 엄마(아빠)가 보이는 곳에 있어.
- Take off your shoes before you go in. 들어가기 전에 신발을 벗어.

spring rider 흔들말

- Swing from side to side. 양옆으로 흔들어 봐.
- Put your feet on the footholds here. 발을 여기 발판 위에 올려놔.
- Wait your turn. 차례를 기다려.

swings 그네

- Hold on tight. 꽉 잡아.
- Pump your legs. 다리를 굴러.
- Don't go near the swings. 그네에 가까이 가지 마.

Push me high, please. —————————————

Push me.(밀어 주세요.)는 아이가 그네를 탈 때 많이 사용할 수 있는 표현입니다. 놀이터에서 아이들이 도움을 요청하기 위해 사용할 수 있는 여러 가지 표현들을 알아봅니다. 이런 명령문의 끝에 **please**를 붙이면 공손한 표현이 됩니다.

Catch me. 잡아 주세요.

Don't let go (of me). (나를) 놓지 마세요.

Don't let me fall. 떨어지지 않게 해 주세요.

Help me go up. 올라가도록 도와주세요.

Help me get down. 내려가도록 도와주세요.

Hold me tight. 꽉 잡아 주세요.

Lift me up. 올려 주세요.

Put me down. 내려 주세요.

Wait for me at the bottom (of the slide). (미끄럼틀) 밑에서 기다려 주세요.

WEEK 22 SONG OF THE WEEK

Playground Song

by BabyBus
https://www.youtube.com/watch?v=hTAZRrICvZo

동물 친구들은 놀이터에서 신나게 뛰어다니면서 놀고 싶지만, 그렇게 하면 다칠 수 있다는 걸 배웁니다. 특히 미끄럼틀을 위험하게 타면 부딪쳐 다칠 수 있다고 알려 줍니다. 동물 친구들은 미끄럼틀을 안전하게 타는 법을 배웁니다.

가사소개
········

Come play with me. 이리 와서 나랑 놀아요.

How cool can I be? 나는 얼마나 멋질 수 있을까요?

Watch me going down. 내가 내려가는 걸 봐요.

Higher! Higher!

Leslie Patricelli (2009)

"더 높이! 더 높이!"라고 외치는 아이를 위해 아빠는 힘껏 그네를 밀어 줍니다. 그림을 보며 아이는 어디까지 올라갈 수 있을까 상상하게 됩니다. 아파트 위로? 하늘 속으로? 우주까지? 몇 개의 단어만으로 그네를 타고 높이 올라갔다가 내려오는 아찔한 기쁨을 표현한 독창적인 그림책입니다.

Maisy Goes to the Playground

Lucy Cousins (1990)

탭을 당기고, 플랩을 들어 올릴 수 있는 조작북입니다. 놀이터에 간 Maisy는 미끄럼틀, 그네, 흔들말을 타고, 물놀이장과 모래밭에서 놀며 즐거운 하루를 보냅니다. 《A Maisy Classic Pop-up Book》 시리즈 중 한 권입니다.

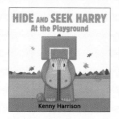

Hide and Seek Harry at the Playground

Kenny Harrison (2015)

하마 Harry는 놀이터에서 친구들과 숨바꼭질을 합니다. Harry는 시소 아래, 벤치 뒤, 그네 등에 큰 몸을 숨기고, 친구들은 Harry를 찾아내어 몸을 간질이며 재미있게 놉니다. 덩치 큰 하마는 어떻게 몸을 숨길까 이 책의 웃음 포인트입니다. 《Hide and Seek Harry on the Farm》도 추천합니다.

Dump Truck Disco

Skye Silver / Christiane Engel (2018)

Dump Truck Daisy와 다양한 중장비 자동차 친구들이 깜깜한 밤에 모여서 밤새도록 비밀 작업을 해요. 아침이 되어 사람들은 중장비 친구들의 깜짝 선물에 놀라고, 새로 지은 놀이터에서 즐거운 하루를 보냅니다. 마지막에 중장비 자동차들에 대한 추가 정보가 있어서 더 유익한 책입니다.

I want to go for a walk.
산책하러 가고 싶어.

원어민 따라읽기

WEEK 23 CONVERSATION

Parent	The air quality is so❶ good today.	오늘 공기질이 아주 좋구나.
	I want to go for a walk.	산책하러 가고 싶어.
	Let's get some fresh air.❷	맑은 공기 좀 쐬자.
Child	Do we have to?❸	꼭 그래야 하나요?
Parent	Yes, it's stuffy being inside all day.	그럼, 하루 종일 안에 있으면 답답하잖아.
Child	All right. I'll go with you.	알았어요. 같이 갈게요.
Parent	[while walking]	[산책 중]
	Come on. You're falling behind.	어서 와. 너 뒤처지고 있어.
	Hold my hand, and stay on the sidewalk.❹	내 손을 잡고, 인도에서 벗어나지 마.
Child	Okay. Oh! I see❺ a kitty❻ behind that tree.	네. 오! 저 나무 뒤에 고양이가 보여요.
Parent	How cute! And look over there!	귀엽네! 그리고 저기 좀 봐!
	There's a squirrel eating an acorn.	도토리를 먹고 있는 다람쥐가 있어.
Child	Its cheeks are so chubby.	다람쥐 볼이 아주 통통해요.
Parent	There's so much to see outside.	밖에 볼 게 아주 많구나.
	I'm glad you changed your mind.	네가 마음을 바꿔서 기뻐.

1 so

so와 very가 어떻게 다른지 자세히 알아볼까요.

형용사, 부사를 강조할 때 so와 very, 둘 다 사용할 수 있습니다.

I'm so hungry. = I'm very hungry.　나는 매우 배가 고파요.

The baby eats so well. = The baby eats very well.　아기는 아주 잘 먹어요.

하지만 very는 새로운 정보를 알려 줄 때 더 적절하고, so는 강도를 강조할 때 쓰는 게 더 적절합니다. 물론 기준은 개인마다 다릅니다.

I'm very tired. I didn't know hiking was so tiring.
나는 매우 피곤해요. 등산이 이렇게 많이 힘든 줄 몰랐어요.

It's very hot. I'm not surprised the ice cream melted so quickly.
날씨가 매우 더워요. 아이스크림이 이렇게 빨리 녹는 것이 놀랍지 않아요.

2 fresh air

'맑은, 상쾌한 공기'는 fresh air이고, '오래된, 퀴퀴한 공기'는 stale air라고 합니다. 음식도 마찬가지여서, 신선한 음식은 fresh food, fresh vegetables, fresh eggs라고 하고, 오래된 음식은 stale food, stale coffee, stale bread 등으로 표현합니다.

The air feels fresh in the morning.
아침엔 공기가 상쾌하게 느껴져.

The air in here is getting stale. Please open the windows.
여기 공기가 탁해지고 있어. 창문을 열어 주렴.

We need to ventilate to bring fresh air in and move stale air out.
신선한 공기를 들이고 묵은 공기를 내보내기 위해 환기를 해야 해.

③ ▶ Do we have to? ━━━━━━━━━━

Do we have to?는 "꼭 그래야 하나요?"라는 뜻으로 주어를 바꿔서도 표현할 수 있습니다.
불만을 가볍게 표시할 때 쓰는 표현인데, 아무래도 아이들은 성인에 비해 주도권이 없다 보니
아이들이 불평 불만을 표현할 때 많이 사용합니다.

Do I have to?   내가 꼭 그래야 하나요?

Do you have to?   당신이 꼭 그래야 하나요?

Does he have to?   그가 꼭 그래야 하나요?

Does she have to?   그녀가 꼭 그래야 하나요?

Do they have to?   그들이 꼭 그래야 하나요?

Do I have to eat all these vegetables?   이 야채를 꼭 다 먹어야 하나요?

Do I have to go to bed right now?   지금 꼭 자러 가야 하나요?

Do I have to share my toys?   꼭 내 장난감을 양보해야 하나요?

④ ▶ stay on the sidewalk ━━━━━━━━━

야외에서 산책할 때 주의를 당부하는 표현들입니다.

Apply bug spray.   버그 스프레이(곤충 기피제)를 뿌려.

Be aware of your surroundings.   주변을 주의해.

Don't wander off alone.   혼자 돌아다니지 마.

Don't play near the street.   찻길 근처에서 놀지 마.

Keep hydrated.   수분을 보충해.

Put on some sunscreen.   자외선 차단제를 좀 발라.

Stay where I can see you.   내가 널 볼 수 있는 곳에 있도록 해.

Walk on the right side of the road.   길 오른쪽으로 걸어.(우측통행해.)

Watch out for cars.   자동차 조심해.

5 **see** ━━━━━━━━━━━━━━━━━━━━━━━━━━━━

look, see, watch, 이 세 동사는 모두 '보다'라는 의미를 가진 동사인데, 뜻이 조금 다릅니다.

I see a kitty behind that tree. 나는 저 나무 뒤에 고양이가 보여요.
(의도적으로 보려고 한 게 아니고 그냥 고양이가 눈에 들어온 상황)

And look over there! 그리고 저기 좀 봐!
(의도적으로 저쪽을 보라는 상황)

see	특별한 의도 없이 보다 (그냥 눈에 들어오다)
look	의도적으로 보다
watch	일정 기간 동안, 특히 움직이거나 변화하는 것을 주의를 기울여 보다

I saw the doll. 나는 인형을 보았다.
I looked at the doll. 나는 인형을 (의도적으로) 보았다.
I watched the baby. 나는 (움직이는) 아기를 지켜보았다.

I watched the doll. (X)　　I watched the painting. (X)
I watched the baby. (O)　　I watched the TV show. (O)

움직임이나 변화가 없는 **doll**, **painting**에는 일반적으로 **watch**를 사용하지 않습니다. 물론 움직이는 인형이나 움직임이 있는 전자 **painting**에는 **watch**를 사용할 수 있습니다.

6 **kitty** ─────────────────────────

kitty처럼 일부 동물들은 끝에 **-y/-ie**를 붙여서 귀여운 느낌으로 사용할 수 있습니다.

bird 새	birdie
chick 병아리	chickie / chicky
dog 개	doggy
frog 개구리	froggy
horse 말	horsey
kitten 새끼 고양이	kitty
pig 돼지	piggy
pup (동물의) 새끼	puppy*

* 여러 동물의 새끼를 pup이라고 하는데, puppy는 강아지만 가리킵니다.

WEEK 23 SONG OF THE WEEK

Let's Go for a Walk Outside

by Super Simple Songs
https://www.youtube.com/watch?v=BWR3DxGHLD4

밝은 멜로디로 동네에서 같이 산책하자고 제안하고 길에서 만나는 다양한 볼거리까지 소개하는 동요입니다. 가사에서는 어떤 동네에서든 흔히 볼 수 있는 강아지, 다람쥐, 새, 곤충, 구름 등을 소개하지만 산책을 하며 상황에 맞게 개사하기도 쉽습니다.

가사소개
········

Let's go for a walk outside.   밖에서 산책해요.

Walk with me side by side.   나와 나란히 걸어요.

Keep your eyes open wide.   눈을 크게 뜨고 있어요.

158

Rosie's Walk

Pat Hutchins (1967)

농장 안마당에서 산책을 나간 암탉 로지는 교활한 여우가 따라오고 있다는 걸 전혀 모르지만 무의식적으로 여우를 위험에 빠트리고 안전하게 닭장으로 돌아갑니다. 간단한 텍스트와 밝고 패턴 있는 일러스트가 어린아이들의 시선을 끌어당깁니다.

Cityblock

Christopher Franceschelli (2016)

도시의 일상을 흥미롭고 독특한 방식으로 소개하는 책으로, 페이지를 가르고 구멍을 내고 모양대로 잘라 내어 다음 페이지를 궁금해하고 추측해 보게 합니다. 도시 속 탈것, 볼 것, 먹을 것에 집중하여 평범한 도시의 풍경을 흥미롭게 소개합니다.

Goodbye Summer, Hello Autumn

Kenard Pak (2016)

아이가 집을 나와 자연을 탐험하고 도시의 거리를 산책하면서 여름이 가고 가을이 오는 순간의 계절 모습을 관찰합니다. Kenard Pak 작가의 《Goodbye Autumn, Hello Winter》, 《Goodbye Winter, Hello Spring》을 같이 보면 계절별로 산책하는 모습을 비교하며 더욱 재미있게 볼 수 있습니다.

Nana in the City

Lauren Castillo (2014)

한 소년이 도시에 사는 할머니의 집을 방문합니다. 처음 본 거대한 도시의 밤은 시끄럽고 바쁘고, 무서운 것들로 가득 차 있습니다. 그러나 다음 날 낮에 할머니와 함께 본 도시는 여전히 시끄럽고 바쁘지만 결코 무섭지 않았습니다. 소년은 도시의 활기, 친절, 그리고 매력을 발견하게 됩니다.

Raise your hand when crossing the street.

길을 건널 때 손을 들어.

원어민 따라읽기

WEEK 24 CONVERSATION

Parent	Stop. The light is red.❶❷ Please stand behind the yellow line.❸	멈춰. 신호등이 빨간색이야. 노란색 선 뒤에 서렴.
Child	Oops!❹ I forgot.	아이코! 깜박했어요.
Parent	Wait for the pedestrian signal to turn green. It shouldn't take long.	보행자 신호등이 초록색으로 바뀔 때까지 기다려. 오래 걸리지 않을 거야.
Child	It's green now. Let's go.	이제 초록색이에요. 가요.
Parent	Hold my hand, and look both ways. Watch out for cars even when the light is green.	내 손을 잡고, 양쪽 방향을 봐. 신호등이 초록색일 때도 차가 오는지 살펴봐.
Child	Yes, I know.	네, 알아요.
Parent	Raise your other hand when crossing the street.	길을 건널 때 다른 손을 들어.
Child	Oh no! The light is blinking.❺	안 돼! 신호등이 깜박거려요.
Parent	We'd better speed-walk. Pick up your pace. [after crossing] Whew! We made it with five seconds to spare.	빠른 걸음으로 걸어야겠다. 속도를 내렴. [길을 건넌 후] 휴! 5초 남기고 건넜네.

1 The light is red. —————————————

The light is red. 대신 **The pedestrian signal is red.** 혹은 **The walk signal is red.**도 가능합니다. 건널목과 관련 있는 단어들을 정리해 봤습니다.

crosswalk / pedestrian crossing(미) / zebra crossing(영) 횡단보도
pedestrian refuge / refuge island (차도의) 안전지대
pedestrian signal / walk signal 보행 신호
pedestrian crossing button / walk button 보행 신호 버튼
traffic light 신호등

2 red —————————————

조금 더 다채로운 색을 영어로 표현하는 방법을 알아봅니다.

Red
- burgundy 버건디색
- crimson 진홍색
- maroon 적갈색
- scarlet 주홍색

Orange
- coral 주황을 띤 분홍색
- salmon 연어살색
- peach 복숭아색

Yellow
- amber 호박색
- mustard 겨자색
- saffron 짙은 황색

Green
- emerald 에메랄드색
- lime 라임색
- khaki 카키색
- olive 올리브색
- pea green 연두색

Blue		Purple	
●	navy 감색	●	indigo 인디고색
●	sky blue 하늘색	●	lavender 라벤더색
●	teal 청록색	●	lilac 라일락색
●	turquoise 터키석색	●	violet 보라색
		●	mauve 연보라색

색깔 앞에 사용할 수 있는 형용사도 많습니다.

bright 밝은	neon 형광의	dark 짙은
pastel 파스텔의	light 연한	vivid 생생한

The light green hat looks better on you.
연한 녹색 모자가 너에게 더 잘 어울려.

Do you like the dark pink dress or the pastel pink one?
짙은 분홍색 드레스가 좋아, 아니면 파스텔 분홍색 드레스가 좋아?

❸ yellow line ━━━━━━━━━━━━━━━

횡단보도 앞에 있는 노란 줄 등 장애인들을 위한 기구들은 어떻게 표현할까요?

for the visually impaired   시각 장애인용

tactile paving / tenji blocks   점자 블록
braille (text)   점자(문자)

for the physically impaired   지체부자유자용

fully accessible   완전히 접근 가능
partially accessible   부분적으로 접근 가능
wheelchair accessible   휠체어 이용 가능
wheelchair friendly   휠체어 친화적

점자 블록(시각 장애인
유도 블록)

Don't stand on the tactile paving. 점자 블록 위에 서지 마.

There is braille on the buttons in this elevator.
이 엘리베이터는 버튼에 점자가 있어.

The bus is wheelchair accessible. 버스는 휠체어를 탄 채 이용할 수 있어.

That restaurant is not wheelchair friendly.
그 식당은 휠체어를 탄 채 사용하기 불편해.

④ Oops! ────────────────

이크, 아이코 등 실수를 하거나 당황했을 때 사용하는 감탄사를 영어로 말해 봅니다.

Ack! 아!

Ahh! 아!

Eek! 이크!

Oops! 아이고!

Oopsy! 에구머니!

Whoops! 아이코!

Whoops-a-daisy! / Oops-a-daisy! 아이구머니!

⑤ The light is blinking. ────────────

신호등 시간이 많이 남지 않았을 때 사용하는 표현들입니다.

There are only ten seconds left. 10초밖에 남지 않았어.

The light is about to turn red. 신호등이 빨간색으로 바뀌려고 해.

The light will turn red soon. 신호등이 곧 빨간색으로 바뀔 거야.

Traffic Safety Song

by Cocomelon
https://www.youtube.com/
watch?v=R5kh8tMq3jw&t=38s

엄마 오리가 새끼 오리 5마리를 데리고 길을 건너려고 합니다. 엄마 오리는 새끼들을 하나씩 데리고 길을 건네 주며, 횡단보도에서 신호등을 확인하고 안전하게 길을 건너는 방법을 가르칩니다. 다섯 새끼 오리들을 **first, second, third, fourth, fifth one**으로 가리키고 있어서, 영어 서수도 배울 수 있습니다.

가사소개
·········

Five little ducklings crossing the street.   길을 건너는 새끼 오리 다섯 마리.

The first one jumps up on his feet.   첫 번째 새끼 오리가 발로 뛰어올라요.

When the light turns green, you can go ahead.
신호등이 초록색으로 바뀌면, 앞으로 갈 수 있어요.

Along a Long Road
Frank Viva (2011)

자전거가 굵은 노란색 도로를 따라갑니다. 숲을 지나고 언덕을 오르내리며 마을을 지나고 터널도 지나 다리 위를 달리고 도시로 가서 달리고 또 달립니다. 길쭉한 남자의 몸과 자전거의 형태가 흥미롭습니다. 창의적인 구성과 일러스트의 단순한 형태감이 돋보입니다.

Fred and Ted's Road Trip
Peter Eastman (2011)

아버지 P. D. Eastman이 《Big Dog... Little Dog》에서 만든 Fred와 Ted 캐릭터를 이용해 아들 Peter Eastman이 만든 책입니다. Fred와 Ted는 나들이를 갑니다. 각자 자동차로 출발하며 서로 다른 선택과 행동으로 다른 상황에 놓이면서 대비되는 모습을 보여 줍니다. 이 시리즈의 다른 책처럼 여기서도 반대말을 많이 배울 수 있습니다.

Once Upon a Banana
Jennifer Armstrong / David Small (2006)

부제 A Story Told in Street Signs!에서 알 수 있듯이 페이지마다 장소, 방향, 규칙, 주의 사항을 알려 주는 표지판과 간판이 등장하여 스토리를 이끌어 나갑니다. 원숭이가 바나나 껍질을 아무 데나 버리면서 여러 사건이 꼬리를 물고 이어집니다. 이 책에서는 표지판에서 흔히 볼 수 있는, 특유의 간단하게 줄여 쓴 말을 많이 볼 수 있습니다.

Red Light, Green Lion
Candace Ryan / Jennifer Yerkes (2019)

녹색 사자(lion)가 녹색 신호등(light)을 기다리는데, 번개 (lightning), 라일락 (lilac), 도서관 (library)에서 빌린 책, 리마 콩(lima bean)과 같은 light의 'li'로 시작하는 물건들이 계속 나타납니다. Some days로 시작하는 내레이션과 심플한 그림이 인생에 대해 생각하게 합니다.

Put on your seat belt, please.
안전벨트를 매렴.

원어민 따라읽기

WEEK 25 CONVERSATION

Parent	Put on your seat belt,❶ please.	안전벨트를 매렴.
Child	Could you help me?	도와줄 수 있어요?
Parent	Yes, I will help you❷ put it on. I can't reach the belt buckle. Scoot back❸ a little bit.	그럼, 매는 걸 도와줄게. 안전벨트 버클에 손이 안 닿아. 조금 뒤로 물러가 줘.
Child	It's too tight.	너무 빡빡해요.
Parent	Then, I will loosen it a little. Click.❹ There you go.	그럼, 조금 느슨하게 해 줄게. 찰칵. 됐다.
Child	That's much better. Mommy (Daddy), you should put yours on too.❺	훨씬 나아요. 엄마(아빠), 엄마(아빠)도 매야죠.
Parent	You're right. Seat belts are important for everyone. They're especially important in the driver's seat.❻ Ready to go?	네 말이 맞아. 안전벨트는 모두에게 중요해. 운전석에서는 특히 중요해. 출발 준비됐어?
Child	Yes! Let's go!	네! 출발해요!
Parent	Sit tight. It's going to be a long drive today.	가만히 앉아 있어. 오늘 오래 운전하게 될 거야.

1 seat belt

"안전벨트를 매."와 "안전벨트를 풀어."라는 말은 이렇게 다양하게 표현할 수 있습니다.

- Buckle up.
- Buckle your seat belt.
- Fasten your seat belt.
- Put on your seat belt.

- Unbuckle your seat belt.
- Unfasten your seat belt.
- Take off your seat belt.

2 I will help you

'내가 ~(를) 하는 걸 도와줄게.'는 영어로 'I will help you with + 명사.' 혹은 'I will help you + 절.'로 표현하면 됩니다.

I will help you with + 명사.	I will help you + 절.
I will help you with the dishes. 내가 설거지를 도와줄게.	I will help you do the dishes. 내가 설거지하는 걸 도와줄게.
I will help you with the groceries. 내가 식료품을 (나르는 걸) 도와줄게.	I will help you carry the groceries. 내가 식료품 나르는 걸 도와줄게.
I will help you with your homework. 내가 숙제를 도와줄게.	I will help you do your homework. 내가 숙제하는 걸 도와줄게.
I will help you with the laundry. 내가 빨래를 도와줄게.	I will help you fold the laundry. 내가 빨래 개는 걸 도와줄게.
I will help you with the stairs. 내가 계단을 (오르는 걸) 도와줄게.	I will help you walk up the stairs. 내가 계단 오르는 걸 도와줄게.

❸ Scoot back ━━━━━━━━━━━━━━━━━━━━━━━━━━

'이동'과 관련한 동사들은 **back**, **forward**, **down**, **up**, **right**, **left**, **over**, **across** 등 방향을 가리키는 부사와 함께 사용되곤 합니다. **move**(움직이다), **scoot**(앉은 자세로 미끄러지듯 움직이다), **slide**(미끄러지듯 움직이다), 이 세 동사와 함께 살펴보도록 합니다.

Scoot back, please. 살짝 뒤로 가 주렴.

Scoot over, please. 살짝 옆으로 가 주렴.(자리가 좀 부족해서 좁혀야 할 때)

Move up two spaces, please. 위로 두 칸 움직여 주렴.

Move a little to the right, please. 오른쪽으로 조금 움직여 주렴.

Slide forward now, please. 이제 앞으로 미끄러지듯 와 주렴.

Slide across slowly, please. 천천히 가로질러 미끄러지듯 와 주렴.

❹ Click. ━━━━━━━━━━━━━━━━━━━━━━━━━━━━

click은 '찰칵'이라는 소리를 흉내 내어 표현한 의성어입니다. 그 외 일상생활 속에서 자주 들을 수 있는 소리를 표현한 말들을 알아봅니다.

경적	honk(빵빵), beep(삐)		전자레인지	beep beep(삐 삐)
냉장고	hummm(우우웅)		전화기	brrring-brrring(따르릉), ring-ring(따르릉)
문	creak(삐걱삐걱), slam(쾅 닫는 소리)		접시	clink(쨍)
벨 소리	ding-dong(딩동), buzz(윙윙), ring(따릉)		지퍼	zip(찍)
			카메라	click(찰칵)
선풍기	whirrr(윙윙)		컴퓨터	beep(삐), ping(핑)
시계	tick-tock(똑딱똑딱), cuckoo(뻐꾹), bring-bring(땡땡 알람소리)		컵	clink(쨍그랑)
식기세척기	swish(휙휙)		텔레비전	hummm(우우웅)
스위치	click(딸각)		펜	click(딸각)
열쇠	click(찰칵)		프라이팬	sizzle(지글지글)

엔진	roar(으르렁), hum(웅웅), purr(부르릉)	헤어드라이어	hummm(우우웅), whirrr(윙윙)

5 ▶ **you should put yours on too** ━━━━━━

'~ 해야 한다.'는 뜻을 지닌 조동사로는 **should**, **have to**, **must** 등이 있어요. 많은 사람들이 이 단어들의 쓰임새를 헷갈려 합니다. 자세히 살펴보도록 합니다.

should : ~해야 한다(하는 게 좋거나 이득일 때)

- You should study hard.   공부를 열심히 해야 해.
- You should be kind to your little sister.   여동생한테 착하게 해야 해.

have to : ~해야 한다(사회 입장에서 의무 혹은 필요성이 있을 때)

- You have to wear a uniform to school.
  학교 가기 위해서는 교복을 입어야 해. (학교 규칙)
- You have to stop at a red light.   빨간불에서 멈춰야 해. (교통 규칙)

must : ~해야 한다(개인 입장에서 의무 혹은 필요성이 있을 때)

- You must not forget me.   나를 잊지 말아야 해. (개인 의견)
- You must stop at a red light.   빨간불에서 멈춰야 해. (개인 의견)

그런데 일상회화에서는 have to와 must를 거의 동일하게 사용합니다.

6 ▶ **driver's seat** ━━━━━━━━━━

자동차 안 좌석의 이름을 알아보도록 합니다.

back seat / rear seat 뒷자리	middle seat / center seat 중간 자리
driver's seat 운전석	rear driver's seat 운전석 뒷자리
front seat 앞자리	rear passenger seat 조수석 뒷자리
front passenger seat / shotgun 조수석	

앞자리 조수석은 재미있게도 **shotgun**이라고 부르기도 합니다. 이는 마차를 타고 이동하던 시절에 경호를 맡은 경호원이 엽총(shotgun)을 들고 마부 옆에 앉았기 때문입니다.

Who wants to sit shotgun? 누가 조수석에 앉을래?

It's my turn to sit shotgun. 조수석에 앉는 건 내 차례예요.

WEEK 25 SONG OF THE WEEK

Seat Belt Safety Song

by Fun Kids English
https://www.youtube.com/watch?v=NwwdYWPu4n0

이 동요는 차를 타고 안전벨트를 매면서 부르기에 좋은 내용입니다. **clickety-clack** 같은 우스운 의성어에 아이들은 큰 재미를 느낍니다. 이 포인트를 잘 살리면 안전벨트를 매라는 잔소리가 재미있는 동요가 될 수 있습니다. 아이가 혼자서 안전벨트를 못 맨다면 **Let's put on your seatbelt.**로 가사를 살짝 바꿔도 됩니다.

가사소개
Put on your seatbelt when you're driving in the car.
차 안에서 운전할 때 안전벨트를 매세요.

Put on your seatbelt when you're going near or far.
가까운 데 가거나 먼 곳에 갈 때 안전벨트를 매세요.

Don't take it off until you stop. 멈출 때까지 풀지 마세요.

All Buckled Up

Andrea Zimmerman / David Clemesha (2019)

유모차, 스쿨버스, 경주용 자동차, 불도저, 쓰레기 트럭, 트랙터, 소방차, 비행기, 보트, 우주선 등 어떤 걸 타든 모두 안전벨트를 매야 한다고 알려 줍니다. 안전벨트의 중요성을 불도저나 트럭 같은 모험적인 사물들을 가지고 이야기하니 아이들이 관심을 갖게 됩니다.

How Do Dinosaurs Stay Safe?

Jane Yolen / Mark Teague (2014)

엄마와 함께 길을 건너는 것부터 낯선 사람을 만나는 것까지 장난꾸러기 공룡들의 행동은 독자들에게 큰 웃음을 주고, 안전에 대해 다시금 생각해 보게 합니다. 글밥이 많지는 않지만 영어식 어순 구조의 느낌이 강해서 원서를 많이 읽어 보지 않은 분들은 다소 낯선 느낌을 받을 수 있습니다.

Do Kangaroos Wear Seat Belts?

Jane Kurtz / Jane Manning (2005)

아이는 동물원의 동물들을 보면서 아기 동물들의 안전에 대해 궁금해합니다. "내가 캥거루라면 엄마 캥거루가 뛸 때 안전벨트를 매야 하나요?", "내가 원숭이라면 나뭇가지에서 장난칠 때 헬멧을 써야 하나요?" 같은 엉뚱한 질문에 엄마는 동물들의 특성을 알려 주고, 엄마들은 언제 어디서든 아기들을 안전하게 지켜준다고 대답해 줍니다.

Dinosaurs, Beware!: A Safety Guide

Marc Brown / Stephen Krensky (1982)

공룡들이 집 안에서, 식사 시간에, 캠핑하면서, 자동차에서, 기타 익숙한 장소에서 일어날 수 있는 안전 문제에 대해 장소별, 상황별로 정리하여 약 60개의 팁을 알려 줍니다. Marc Brown 작가는 《Arthur》 시리즈로 유명하고 Arthur 팬들은 이 책의 그림 스타일에 친숙함을 느끼게 될 것입니다.

Can you find bus 7-1?

7-1번 버스를 찾을 수 있어?

원어민 따라읽기

WEEK 26 CONVERSATION

Parent	Look at this bus schedule.❶ Can you find bus 7-1?❷	이 버스 시간표를 봐. 7-1번 버스를 찾을 수 있어?
Child	Yes, it's here.	네, 여기 있어요.
Parent	We need to go from here to there. The next bus will arrive in four minutes.❸	우리는 여기에서 저기로 가야 해. 다음 버스가 4분 뒤에 도착할 거야.
Child	Okay.	네.
Parent	Here it comes, right on time. Watch your step. The stairs are steep.	버스가 오네, 제시간에 맞춰서. 앞을 잘 보고 걸어. 계단이 가파르다.
Child	May I tap the bus pass?	내가 버스 카드(패스) 찍어도 돼요?
Parent	Sure. Tap it there on the card reader. Now, take a seat.❹❺	물론이지. 저기 카드 리더기에 찍어. 이제, 자리에 앉아.
Child	Are we there yet?	아직 멀었어요?
Parent	There are three more stops left. [right before arrival] We're almost there. Please hit the stop button now. Hold my hand when we get off.❻	정류장이 3개 더 남았어. [도착 직전] 거의 다 왔어. 지금 하차벨(스톱 버튼) 눌러 주렴. 내릴 때 내 손을 잡아.

bus schedule ——————————————————

버스와 관련된 '연어(**collocation**)'입니다. 연어는 두 개 이상의 단어가 결합될 때 자주 사용되는, 짝을 이루는 어휘를 말합니다.

bus fare 버스 요금	bus pass 버스 카드(패스)
bus number 버스 번호	bus only lane 버스 전용 차선
bus route 버스 노선	bus schedule 버스 운행 시간표
bus stop / bus station 버스 정류장	

2 ▶ **7-1** ——————————————————

영어로 기호를 읽는 법을 알아봅니다.

@ at
 learning@email.com
 → My email address is learning at email dot com.
   제 이메일 주소는 learning@email.com입니다.

- dash
 7-1
 → Let's ride bus seven dash one.   7-1번 버스를 타요.

. point
 18.5°C
 → It is eighteen point five degrees Celsius outside.   밖은 섭씨 18.5도예요.

 # pound, hashtag
 # key
 → Press the pound key for more information.
   정보를 더 얻기 위해서는 # 키를 누르세요.

#English
→ Use the hashtag English in your post. 포스팅에 #English를 사용해 주세요.

/ slash

singer / actor
→ She is a singer slash actor. 그녀는 가수 겸 배우예요.

~ to

12/2 ~ 12/4
→ The sale is from December second to December fourth.
판매 기간은 12월 2일부터 12월 4일까지예요.

3 ## in four minutes ━━━━━━━━━━━━━━━

시간 관련 전치사를 정리해 봅니다.

at (정확한 시간)	in (month, year, century, 기간)	on (day, date)
at 4 o'clock 4시에	in January 1월에	on Sunday 일요일에
at 4:30 pm 오후 4시 30분에	in the summer 여름에	on Sundays 일요일마다
at noon 정오에	in 1989 1989년에	on July 15th 7월 15일에
at lunchtime 점심 시간에	in the 2000s 2000년대에	on Christmas 크리스마스에
at sunrise 해 뜰 때	in the Stone Age 석기 시대에	on my birthday 내 생일에
at the moment 그 순간에	in the past 과거에	on Halloween 핼러윈에

4 take a seat

명령문을 'Take a + 명사.'를 사용해 표현하면, 격식에 얽매이지 않는 편안하면서도 가벼운 표현이 됩니다.

Look.	Take a look. 한번 봐.
Rest.	Take a rest. 잠깐 쉬어.
Nap.	Take a nap. 낮잠 좀 자.
Walk.	Take a walk. 산책 좀 해.

5 seat

버스, 지하철 등 대중교통 시설에서 약자를 배려하는 좌석들을 표현한 단어입니다.

handicap seat 장애인석
priority seat 노약자석(교통 약자 배려석)
priority seat for pregnant women 임산부 배려석
designated space for wheelchairs 휠체어 전용 공간

6 get off

'타다'와 '내리다'를 표현할 때 버스는 'get on the bus', 'get off the bus'라고 표현하는데, 자동차는 'get in the car,' 'get out of the car'라고 표현합니다. 왜 서로 다른 전치사를 사용할까요?

보통 올라타거나 걷거나 일어설 수 있는(get on, walk on, stand on) 교통수단은 on/off 를 사용하고, 그럴 수 없고 앉기만(sit in) 하는 교통수단은 in/out of를 사용합니다.

ON/OFF	IN/OUT OF
airplane 비행기	car 자동차
bicycle 자전거	canoe 카누
boat 보트	kayak 카약
bus 버스	limousine 리무진
horse 말	stroller 유모차
motorcycle 오토바이	rowboat 거룻배
skateboard 스케이트보드	taxi 택시
subway 지하철	truck 트럭
train 기차	van 밴
yacht 요트	wheelchair 휠체어

WEEK 26 SONG OF THE WEEK

Wheels on the Bus

by Cocomelon
https://www.youtube.com/watch?v=e_04ZrNroTo

버스에서 나는 다양한 소리를 표현한 의성어들을 소개하는 동요입니다. 유명한 전래 동요, 마더 구스인 만큼 아이들이 좋아하는 신나는 리듬과 반복적인 노랫말이 재미있습니다. 이와 같은 전래 동요는 오랜 세월 동안 구전되어 왔으므로 출처에 따라 가사가 조금씩 다르기도 합니다.

가사소개
········

The wheels on the bus go round and round. 버스의 바퀴는 빙글빙글 돌아요.

The door on the bus goes open and shut. 버스의 문이 열리고 닫혀요.

The wipers on the bus go swish, swish, swish.
버스의 와이퍼가 휙, 휙, 휙 움직여요.

My Bus
Byron Barton (2014)

버스 운전사는 정류장마다 멈춰서 동물 손님들을 태웁니다. 그리고 항구, 기차역, 공항에서 승객을 내려 줍니다. 승객이 타고 내릴 때 아이들은 기본적인 덧셈과 뺄셈을 연습할 수 있고, 여러 가지 탈것에 대해서도 배울 수 있습니다. 색감이 다채로운 그림과 간단한 텍스트를 사용하여 재미있는 이야기를 전합니다.

The Wheels on the Bus
Annie Kubler (2001)

Child's Play 출판사에서 만든 전래 동요 구멍책 시리즈 중 한 권입니다. 여러 색으로 이루어진 버스의 둥근 바퀴에 구멍이 나 있어 다음 페이지와 연결됩니다. 버스는 손님으로 가득 차 있고 그림에 볼거리가 많아 아이들과 대화할 소재가 많습니다.

The Wheels on the Bus
Paul O. Zelinsky (1990)

이 책은 팝업북으로 아이들이 노래를 부르면서 탭을 밀고 당겨 문을 여닫고, 바퀴도 굴리고, 와이퍼도 움직이며 즐거운 시간을 보낼 수 있습니다. 칼데콧상 수상 작가가 만든 조작북으로, 일반 그림책만큼 그림에 디테일이 있고 구성이 풍부합니다.

Don't Let the Pigeon Drive the Bus
Mo Willems (2003)

Mo Willems 작가의 첫 어린이 그림책이며 칼데콧상 수상작입니다. 잠시 자리를 비워야 하는 버스 기사는 비둘기가 버스를 운전하지 못하게 막아 달라고 부탁하고 자리를 떠납니다. 이때 어디선가 버스를 운전하고 싶어 하는 비둘기가 나타나고, 독자들은 이 비둘기가 버스를 운전하지 못하게 막아야만 합니다.

I'm going to go to the supermarket.
마트에 갈 거야.

원어민 따라읽기

WEEK 27 CONVERSATION

Parent	I'm going to go to the supermarket.❶ Do you want to go with me?	마트에 갈 거야. 같이 갈래?
Child	Yes! Could we get some ice cream, please?	네! 우리 아이스크림 좀 사도 돼요?
Parent	Oh, all right.❷ You may get one thing for yourself.❸	어, 알았어. 네가 갖고 싶은 거 한 개 사도 돼.
Child	Daddy (Mommy)❹ likes bananas. Could we get him (her) some?	아빠(엄마)는 바나나를 좋아해요. 좀 사도 돼요?
Parent	That's very thoughtful of you.❺ Let's write down❻ our shopping list, so that we don't forget anything. We also need one carton of milk, two packs of dumplings, and one loaf of bread.	매우 사려 깊구나. 잊어버리지 않게 쇼핑 목록을 적어 두자. 우리는 우유 한 팩, 만두 두 봉지, 그리고 빵 한 덩이도 필요해.
Child	You forgot to write "bananas".	"바나나" 적는 걸 잊었어요.
Parent	So I did. Thank you for letting me know.	내가 그랬네. 알려 줘서 고마워.

1 supermarket

마트와 관련된 어휘입니다.

> market 시장
> supermarket / grocery store 마트
> convenience store / corner store 편의점
> dollar store / discount store 생필품 할인점
>
> cashier 출납원
> cash register 금전 등록기
> checkout lane 계산대
> shopping basket 장바구니
> shopping cart 쇼핑 카트

2 Oh, all right.

Oh, all right.은 단순히 '네.'라고 동의하는 뜻도 있지만 살짝 한숨을 쉬며 말하면, 하고 싶지 않지만 어쩔 수 없이 동의한다는 뜻이 됩니다. 아래 표현들도 망설임이 있긴 하지만 동의를 표시하는 표현들입니다.

Fine. 알았어.
I guess. 그런 거 같아. / 그렇긴 하지.
If you insist. 네가 (그렇게) 주장한다면.
If you say so. 네가 그렇게 말한다면.
Oh, all right. 어, 알았어.

3 ## for yourself ———————————————

for me와 to me는 헷갈리기 쉬운데 단순하게 생각하면 됩니다. **for**는 '~을 위해'이고, **to**는 '~한테'이죠. 그래서 **for me**는 '나를 위해', 그리고 **to me**는 '나한테'를 뜻합니다.

: I bought this present for you.   나는 너를 위해 이 선물을 샀어.
: I gave the present to you already.   나는 이미 너한테 선물을 줬어.

4 ## Daddy (Mommy) ———————————————

부모를 가리키는 단어들의 뉘앙스에 대해 소개합니다.

Dad 아빠	Mom(미) Mum(영)
Daddy 아빠 (애교스러운 표현. 보통 어린 딸, 어린 아들, 혹은 성인 여자가 사용.)	Mommy 엄마 (보통 어린아이들만 사용하는 표현. 성인은 거의 사용하지 않음.)
Father 아버지	Mother 어머니
Papa 아빠	Mama 엄마

부모를 이름 대신 **Dad**, **Mom**이라고 부를 때는 대문자를 씁니다. 그런데 부모에 대해 이야기할 때는 **my mom**처럼 '소유격＋dad/mom(소문자)'으로 사용합니다.

: I love you, Mom.   엄마, 사랑해요.
: Could you help me, Dad?   아빠, 저 좀 도와주실래요?

: I love my mom.   나는 엄마를 사랑해요.
: My dad helped me.   아빠가 나를 도와줬어요.

5 ▶ That's very thoughtful of you. ─────────

방금 일어난 상황을 가리키며 '너는 참 ~하구나.' 하고 아이를 칭찬해 줄 때 사용할 유용한 표현을 소개합니다. 'That's very+형용사+of you.'라고 하면 쉽게 칭찬해 줄 수 있습니다.

- That's very brave of you.   넌 참 용감하구나.
- That's very generous of you.   넌 참 너그럽구나.
- That's very insightful of you.   넌 참 통찰력이 좋구나.
- That's very kind of you.   넌 참 친절하구나.
- That's very responsible of you.   넌 참 책임감 있구나.
- That's very wise of you.   넌 참 현명하구나.

이 표현은 부정적인 단어를 사용하면 누군가를 비난하는 표현이 되기도 합니다.

- That's very rude of you.   넌 참 무례하구나.
- That's very selfish of you.   넌 참 이기적이구나.

6 ▶ write down ─────────────────

write와 write down은 비슷하게 '쓰다'를 의미하지만, write down은 특히 '기억하거나 기록하기 위해 쓰다'라는 뉘앙스가 있습니다.

- I wrote you a letter.   나는 너한테 편지를 썼어.
- I will write down your phone number.   너의 전화번호를 적어 둘게.

Going to the Market

by LooLoo Kids

https://www.youtube.com/watch?v=aKV_DboR-JQ

소녀가 시장에 가서 다양한 색상의 야채와 과일로 장을 가득 보고 엄마와 아빠가 좋아하는 음식도 챙겨 옵니다. 음식 이름과 색깔을 영어로 배울 수 있고 엄마, 아빠를 생각하는 기특한 마음을 가진 소녀도 사랑스럽습니다.

가사소개
....

I am going to the market with my best friend Jeane.
나는 가장 친한 친구 진과 함께 시장에 가요.

Everything around us is so nice and green.
우리 주변의 모든 것이 아주 푸른빛이에요.

There are so many things that we would love to eat.
우리가 먹고 싶은 것이 아주 많아요.

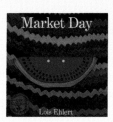

Market Day: A Story Told with Folk Art

Lois Ehlert (2000)

장이 열리는 날, 농부의 가족은 아침부터 일찍 일어나 농작물을 트럭에 싣고 마을 광장으로 가서 판매합니다. 멕시코, 미국, 인도네시아 등 여러 나라에서 모은 민속 예술품을 활용해 콜라주 기법으로 만든 그림책입니다. 아이들의 창의력, 표현력, 예술적 감성을 발달시키는 데 도움이 됩니다.

Supermarket Zoopermarket

Nick Sharratt (2017)

슈퍼마켓이 아닌 주퍼마켓에서는 ape-ricot yoghurt, roarsberry ripple, kanga-roobarb 등 이상한 음식들 속에 동물들이 숨어 있습니다. 일종의 말놀이 그림책으로, 플랩을 열면 어떤 동물이 나올지 들춰 보는 재미가 있습니다. 작가 특유의 밝고 화사한 그림은 보는 사람을 기분 좋게 합니다.

Don't Forget the Bacon!

Pat Hutchins (1976)

아이는 엄마의 심부름으로 six farm eggs, a cake for tea, a pound of peas, 그리고 bacon을 사 오기로 합니다. 그런데 가는 도중에 six farm eggs가 six fat legs로, 그러다 six clothes pegs가 되는 등 단어의 자모음이 조금씩 달라지면서 아이는 헷갈리기 시작합니다. 심부름 경험을 재미있고 위트 있게 잘 표현한 책입니다.

Supermarket Gremlins

Adam Guillain, Charlotte Guillain / Chris Chatterton (2016)

마트에 살고 있는 그렘린들이 탈출을 시도합니다. 엄마와 아들이 마트에서 장을 보고 있어서 다양한 식료품을 볼 수 있고, 플랩을 들추어 숨어 있는 그렘린들을 찾는 재미가 있습니다. 후속작 《School Gremlins》와 《Christmas Gremlins》도 재미있습니다.

미국엄마와 함께하는
리얼 엄마표 영어

5장

Evening Routine

| 저녁 일과 |

Do you want a snack?

간식 먹을래?

원어민 따라읽기

Parent	What's wrong?❶ You seem tired and cranky.
Child	Argh! I'm hungry.
Parent	Do you want a snack❷ for an energy boost?
Child	Yes, may I have some donuts?❸
Parent	Donuts before dinner will spoil your appetite. How about sweet potatoes instead? I baked❹ some this morning.
Child	But donuts are yummier.
Parent	Yes, but you've eaten too much junk food today. We should❺ try to eat healthy. Sweet potatoes are good for your immune system.
Child	All right then.
Parent	I'll go heat some up in the microwave. It won't take long.

무슨 일 있어?
피곤하고 기분 안 좋아 보여.

아아! 배고파요.

기운 나게 간식 먹을래?

네, 도넛 먹어도 돼요?

저녁 먹기 전에 도넛을 먹으면 입맛 버려.
대신 고구마는 어때?
오늘 아침에 좀 구웠어.

근데 도넛이 더 맛있어요.

그래, 그런데 넌 오늘 불량식품을 너무 많이 먹었어.
우리는 건강하게 먹도록 노력해야 해.
고구마는 면역력에 좋아.

그럼 알겠어요.

전자레인지에 좀 데울게.
오래 걸리지 않을 거야.

What's wrong?

What's wrong?은 "무슨 일이에요?", "뭐가 문제예요?", "뭐가 잘못됐어요?" 등으로 번역됩니다. 그런데 여기에다 특별히 '너'를 강조하기 위해 **with you**를 붙여 쓰는 경우가 있습니다. **What's wrong with you?**라고 말이지요.

하지만 이건 무례한 표현입니다. **What's wrong with you?**는 '상대방에게 문제가 있다, 비정상이다'라는 걸 의미하며 아이들에게 사용하기엔 적절하지 않은 표현입니다. "너 도대체 왜 그러는데?", "너 제정신이니?" 등 걱정보다는 짜증을 담고 있는 표현입니다.

아이들에게 사용하기 적절한 표현	아이들에게 사용하기 부적절한 표현
What's wrong? 무슨 일이야?	What's wrong with you? 너 도대체 왜 그러는데?
What's the matter? 무슨 일이야?	What's the matter with you? 너 제정신이니?
Is something wrong? 무슨 일 있어?	Is something wrong with you? 너 불량이야?

 ## snack

snack과 같이 사용하는 연어(**collocation**)들을 알아봅니다.

morning snack 아침 간식

afternoon snack 오후 간식

after-school snack 방과 후 간식

late night snack 야식

midnight snack 야식(꼭 자정이 아니어도 사용합니다)

on-the-go snack 이동하며 먹을 수 있는 휴대 가능한 간식

light/quick snack 간단한 간식

snack / snack food 주로 간식으로 먹는 음식

I ate some strawberries for a midnight snack.
야식으로 딸기를 먹었어요.

Sweet potatoes are a popular snack food in Korea.
고구마는 한국에서 인기 있는 간식입니다.

3 donuts

donut과 doughnut, 둘 중 어느 것이 맞는 것일까요? donut은 미국식 스펠링이고, doughnut은 영국식 스펠링입니다. 미국은 영국에서 독립한 후 스펠링 단순화 운동이 여러 차례 있었는데, 반면에 영국은 전통 스펠링을 보존했습니다. 그 과정에서 이런 차이가 생겨났답니다. 이처럼 같은 단어인데 철자를 달리 쓰는 경우를 알아봅니다.

영국식 영어와 미국식 영어의 철자 차이

① -our과 -or
프랑스의 영향 때문에 영국식 영어는 -our을 사용하고, 미국식 영어는 -or을 사용합니다.
예) colour - color(색깔), flavour - flavor(맛, 풍미), humour - humor(유머)

② -ise/-yse와 -ize/-yze
영국식 영어는 동사에서 -ise/-yse를 사용하고, 미국식 영어는 주로 -ize/-yze를 사용합니다.
예) analyse - analyze(분석하다), apologise - apologize(사과하다),
　　organise - organize(정리하다)

③ ae-/oe-와 e-
고대 그리스어에서 유래된 과학, 의학, 기술 용어들은 주로 영국식 영어에서는 ae-/oe-를 사용하고, 미국식 영어에서는 e-만 사용하는 경우가 있습니다.
예) encyclopaedia - encyclopedia(백과사전), diarrhoea - diarrhea(설사),
　　oestrogen - estrogen(에스트로겐)

④ -re와 -er
프랑스의 영향 때문에 영국식 영어는 -re를 사용하고, 미국에서는 실제 발음을 더 잘 반영하기 위해 -er을 사용합니다.
예) centre - center(중심), metre - meter(미터), theatre - theater(극장)

⑤ -ence와 -ense

영국식 영어에서 -ence로 끝나는 명사들이 종종 미국식 영어에서는 -ense로 끝납니다. 그러니까 영국식 영어에서는 명사는 -ence로 끝나고 동사는 -ense로 끝나지만 미국에서는 명사, 동사 구별 없이 둘 다 -ense으로 끝납니다.

예) defence - defense(수비), licence - license(허가), pretence - pretense(과시)

이 규칙은 예외가 많습니다. absence, convenience, science 등은 영국과 미국의 스펠링이 동일합니다.

⑥ Final -e

영국식 영어에서는 마지막에 -e로 끝나는 단어는 -e 앞의 자음이 두 번 쓰이는 경우가 있습니다. 프랑스어의 영향 때문입니다.

예) gramme - gram(그램), grille - grill(불에 굽다), programme - program(프로그램)

⑦ American Simplifications 미국식 단순화

미국의 어학자이자 사전 편찬자 **Noah Webster**는 1828년도에 미국식 영어 사전을 간행하였는데, 이때 철자를 단순화하고 일반적인 미국 발음에 더 가깝게 만들었습니다.

예) aeroplane - airplane(비행기), cheque - check(수표), doughnut - donut(도넛)

 4 　　**baked** —————————————————————————

-**ed**로 끝나는 단어는 3가지로 소리가 납니다.
무성음 자음(**ch, f, h, k, p, s, sh, 무성음 th**) 뒤에서는 [t] 소리가 납니다.
유성음 자음(**b, d, g, j, l, m, n, ng, r, 유성음 th, v, w, y, z**) 뒤에서는 [d] 소리가 납니다.
d와 **t** 뒤에서는 [id] 소리가 납니다. [id] 소리는 주로 미국에서 사용하는 **phonetic respelling**으로 표기하면 [uhd]라고 씁니다.

[t] 소리가 나는 경우	[d] 소리가 나는 경우	[id] 소리가 나는 경우
fished = [fisht]	called = [kaald]	aided = [ay·đuhd]
helped = [helpt]	covered = [kuh·vrd]	needed = [nee·đuhd]
reached = [reecht]	followed = [faa·lowd]	waited = [way·ṭuhd]
walked = [waakt]	played = [playd]	started = [staar·ṭuhd]

should ━━━━━━━━━━━━━━━━━━━━━━━━━━━━━━━━━━━

should에서 'l'은 발음하지 않습니다. 이와 같은 'silent l (묵음 l)'이 있는 단어들을 소개합니다.

calf 송아지	should (조동사)
chalk 분필	stalk 줄기
could (조동사)	talk 말하다
folk 사람들	walk 걷다
half 반, 절반	would (조동사)
salmon 연어	yolk (달걀) 노른자

WEEK 28 SONG OF THE WEEK

Do You Like Broccoli Ice Cream

by Super Simple Songs
https://www.youtube.com/watch?v=frN3nvhIHUk

아이들이 좋아하는 음식, 싫어하는 음식을 물어보고 대답하는 노래입니다. 멜로디가 간단해서 가사에 나오는 음식 외에도 어떤 음식이든 넣어 가사를 바꾸어 부르기 쉽습니다. 아이와 함께 기상천외한 음식을 상상하며 부르면 재미있습니다.

가사소개
·········
Do you like broccoli? 브로콜리를 좋아해요?

Yes, I do. 네, 좋아해요.

No, I don't. 아니요, 싫어해요.

TouchWords: Food

Rilla Alexander (2019)

음식 관련 어휘를 소개하는 촉감책입니다. 크고 굵게 돌출된 텍스트가 있어서 영어 읽기에 입문하기 좋습니다. 색감이 아름다운 《TouchWords》 시리즈 중 음식 편이고, 어린 아기들과는 단어 익히기, 큰 아이들과는 읽기와 스펠링 연습에 유용합니다.

Rah, Rah, Radishes!: A Vegetable Chant

April Pulley Sayre (2011)

라임으로 신선한 야채, 자연의 색, 건강한 식생활을 소개하는 책입니다. 후속작 《Go, Go, Grapes!》, 《Let's Go Nuts!》도 신나고 재미있습니다. April Pulley Sayre 작가는 이렇게 주로 사진으로 구성된 책을 만드는데, 글이 노래 같아서 노부영 음원과 매우 잘 어울립니다.

The Very Hungry Caterpillar

Eric Carle (1969)

배고픈 애벌레가 다양한 음식을 먹고 나비로 변신합니다. 색깔, 과일, 요일을 영어로 배우기 좋고, 자연 현상을 소개하는 다양한 매력을 가진 클래식 그림책입니다. 유튜브에서 책 제목을 검색하면 이 스토리로 만든 정식 애니메이션을 시청할 수 있습니다.

1000 Things to Eat

Hannah Wood / Nikki Dyson (2015)

음식을 소개하는 커다란 단어책으로서, 스토리 없는 정보책입니다. 평소에 알던 음식과 새로운 음식을 보며 세상에 얼마나 많고 다양한 음식이 있는지 음식에 대한 정보를 얻고 상상력을 키우게 됩니다. 《1000 Things》 시리즈 중 한 권입니다.

Please help me set the table.

식탁 차리는 걸 도와주렴.

원어민 따라읽기

WEEK 29 CONVERSATION

Parent	It's time for dinner.❶	저녁 먹을 시간이야.
	Please help me set the table.❷	식탁 차리는 걸 도와주렴.
Child	What should I do?	어떻게 해야 할까요?
Parent	First, go wash your hands.	우선, 가서 손을 씻어.
Child	I'm done washing my hands.	손 다 씻었어요.
Parent	Then, put out spoons and chopsticks for everyone.	그럼, 모두를 위해 숟가락과 젓가락을 꺼내 놔.
	I'll get the side dishes from the fridge.❸	나는 냉장고에서 반찬을 가져올게.
Child	I put everything in its❹ place.	모든 걸 제자리에 놓았어요.
Parent	Thank you.	고마워.
	Could you get the rice, too?	밥도 가져올 수 있어?
	It's hot, so be careful.	뜨거우니 조심해.
Child	Yes, I can do it.	네, 할 수 있어요.
	It's not hard at all.	전혀 어렵지 않아요.
Parent	You are the best helper.❺	넌 최고의 도우미야.
	I am so thankful to have you.	네가 있어서 정말 감사하네.
	Now, let's dig in.	이제, 먹자.

1 It's time for dinner.

'~를 할 시간이야.'라는 표현은 'It's time to+동사.' 혹은 'It's time for+명사.'로 사용합니다. 의외로 자주 사용하게 되는 표현이지요.

It's time to eat. 먹을 시간이에요.
It's time for breakfast. 아침 식사 시간이에요.

It's time to rest. 쉴 시간이에요.
It's time for a break. 쉬는 시간이에요.

It's time to watch TV. TV 볼 시간이에요.
It's time for TV. TV 보는 시간이에요.

2 Please help me set the table.

식탁을 차리고 치울 때 많이 사용하는 표현들입니다.

Ladle out the soup. 국을 떠.
Place the utensils. 식기를 놔.
Set the table. 식탁을 차려.
Scoop the rice. 밥을 퍼.
Take out the side dishes from the fridge. 냉장고에서 반찬을 꺼내.
Put the dirty dishes and utensils in the sink. 더러운 접시와 식기들을 싱크대에 놔.
Put the dishes away. 접시를 치워.
Wipe down the table. 식탁을 닦아.

3 ## fridge

미국 사람들은 흔히 냉장고 **refrigerator**를 줄여서 **fridge**라고 합니다. 이렇게 원래 단어보다 짧게 줄여서 사용하는 것을 '**clipped words**(줄임말)'라고 합니다.

ad - advertisement 광고	bike - bicycle 자전거
burger - hamburger 햄버거	butt - buttocks 엉덩이
exam - examination 시험	flu - influenza 독감
fridge - refrigerator 냉장고	gas - gasoline 휘발유, 가솔린
gym - gymnasium 체육관	math - mathematics 수학
memo - memorandum 메모	phone - telephone 전화기
photo - photograph 사진	plane - airplane 비행기
sitcom - situation comedy 시트콤	taxi / cab - taxicab 택시
teen - teenager 십대(13~19세)	tie - necktie 넥타이

4 ## its

its와 **it's**는 매우 비슷해 보이지만 뜻은 다릅니다.

its = 그것의(소유격)
it's = it is, it has

It's my toy. 내 장난감이에요.
Its wheels are broken. 그것의 바퀴가 고장났어요.

⑤ You are the best helper.

아이들이 집안일을 도와줄 때 칭찬으로 사용할 표현들을 더 알아보아요.

I can see that you are trying your best.   네가 최선을 다하고 있는 게 보여.

I know you put in a lot of effort into that.
네가 그것에 많은 노력을 기울였다는 걸 알아.

I couldn't have done it without you.   너 없이는 못 했을 거야.

I couldn't have done it without your help.   네 도움 없이는 못 했을 거야.

I'm proud of how you set the table by yourself.
너 혼자서 식탁 차려서 자랑스러워.

I'm impressed by how you set the table by yourself.
너 혼자서 식탁 차려서 감동받았어.

It's so nice when you help around the house.
네가 집안일을 도와줄 때 참 좋아.

I'm so grateful when you help around the house.
네가 집안일을 도와줄 때 참 고마워.

You've improved at washing the dishes.   설거지 실력이 향상되었어.

You've gotten a lot better at washing the dishes.   설거지 실력이 많이 좋아졌어.

You're so good at cleaning up.   너는 청소를 참 잘해.

You're better than me at cleaning up.   너는 나보다 청소를 잘해.

Cultural Note : Table Setting(American Version)

일반 미국 가정집에서 식탁을 차릴 때 흔히 볼 수 있는 구성입니다.

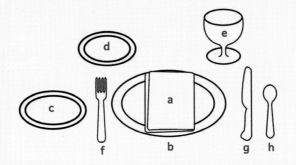

a. napkin
b. dinner plate
c. salad plate
d. bread & butter plate
e. water glass
f. fork
g. knife
h. spoon

WEEK 29 SONG OF THE WEEK

That's why I need a PLATE!

The Table Song for Children

by YouKids

https://www.youtube.com/watch?v=YFJwX5B8HqI

식사를 할 때 필요한 **plate, fork, knife, glass** 등을 소개하고, 또 어떤 용도로 사용하는지 간단하게 알려 줍니다. 'a plate to get food,' 'a fork to eat food,' 'a knife to cut food,' 'a glass to drink juice' 등 도구마다 같이 사용하는 동사와 목적어를 함께 노래 부르며 자연스럽게 연어(collocation)를 배울 수 있습니다.

가사소개
········

I need a fork to eat my food. 음식을 먹으려면 포크가 필요해요.

If I don't have a fork, I can't eat my food. 포크가 없으면, 음식을 먹을 수 없어요.

That's why I need a fork. 그래서 포크가 필요해요.

Never Use a Knife and Fork

Neil Goddard / Nick Sharratt (2007)

이 책은 음식을 갖고 해서는 안 되는 행동을 다양하게 보여 줍니다. 콩으로 그림 그리기, 햄버거를 문에 던지기, 감자 칩을 팬티에 집어 넣기 등등. 흥겹고 운율 있는 글과 Nick Sharratt 작가 특유의 재치 있는 그림이 잘 어울려 독자들을 웃게 합니다.

Growing Vegetable Soup

Lois Ehlert (1987)

아빠와 아이가 함께 씨앗을 심고, 물을 주고, 잡초를 뽑고, 식물이 자라는 것을 지켜 보는 기쁨을 공유합니다. 그리고 토마토, 감자, 양배추, 옥수수 등을 수확해 세상 최고의 야채 수프를 만듭니다.

Bee-bim Bop!

Linda Sue Park / Ho Baek Lee (2005)

배고픈 재미교포 아이가 엄마와 함께 마트에 가서 비빔밥 재료를 사고, 요리하고, 식탁을 차리고, 가족이 모여 저녁을 먹습니다. 비빔밥에 대한 재치 있고 라임이 살아 있는 문장이 비빔밥을 생동감 있게, 그리고 열정적으로 소개합니다.

Spoon

Amy Krouse Rosenthal / Scott Magoon (2002)

칼이나 포크, 젓가락에 비해 역할도 별로 없고 뭔가 스스로 부족하다고 느끼는 숟가락은 친구들이 자기를 부러워하는 것을 모릅니다. 남들이 할 수 없는 많은 장점을 가진 숟가락은 자기만의 매력을 찾게 됩니다. 후속작으로 《Chopsticks》, 《Straw》도 있습니다.

Get in the bathtub.
욕조에 들어가.

원어민 따라읽기

WEEK 30 CONVERSATION

Parent	It's time for your bath. The warm water is ready.	목욕 시간이야. 따뜻한 물 준비됐어.
Child	Okay.	네.
Parent	Take off your clothes❶ and get in the bathtub. Can you wash❷ your face by yourself?	옷을 벗고 욕조에 들어가. 혼자서 얼굴을 씻을 수 있어?
Child	I can.	할 수 있어요.
Parent	What about your hair?	머리는?
Child	I can't.❸	못 해요.
Parent	I'll help you then. This is the way we❹ wash your hair. First, we put shampoo on your head. Then, we scrub. Now we're going to rinse your hair. Close your eyes tight.	그럼 도와줄게. 머리는 이렇게 감는 거야. 먼저, 머리에 샴푸를 묻혀. 그런 다음, 문질러. 이제 머리를 헹굴 거야. 눈을 꼭 감아.
Child	May I open my eyes now?	이제 눈 떠도 돼요?
Parent	Yes. Now you're squeaky clean.❺ Bath time is over.❻ Let's go dry off.	응. 이제, 뽀득뽀득 깨끗하네. 목욕 시간 끝났어. 몸을 말리러 가자.

① clothes

'**th**'의 발음을 알아봅니다. **th** 뒤에 **s**가 나오는 '**th+s**'인 경우에는 **th** 소리를 생략하여 [s] 혹은 [z]로 발음합니다. 중간에 무음 **e**가 있는 경우에도 이렇게 발음합니다.

th [θ]	'무성음+s'는 무성음인 [s]로 발음합니다. earth's = [urs] months = [muhns]
th [ð]	'유성음+s'는 유성음인 [z]로 발음합니다. clothes = [klowz] breathes = [breez]

② wash

wash와 관련된 여러 동사들을 소개합니다.

bathe   씻다, (액체에 담가서) 세척하다

⋮ I bathed my feet in warm water.   나는 따뜻한 물에 발을 담가 씻었어요.

clean   닦다, 청소하다

⋮ Please clean these toys.   이 장난감들을 닦아 주세요.

clear   (불필요한 것을) 없애다, 치우다

⋮ Clear the table.   식탁을 치워요.

decontaminate   오염 물질을 제거하다

⋮ These tools need to be decontaminated.
⋮ 이 도구들은 오염물질을 제거해야 해요.

disinfect 소독하다

You can disinfect the bottles in that machine.
그 기계 속에서 병들을 소독할 수 있어요.

rinse 헹구다

Rinse your mouth with mouthwash. 구강 세정제로 입을 헹궈요.

sanitize 살균하다

I sanitized all the baby clothes. 나는 아기 옷을 모두 살균했어요.

sterilize 살균하다

Sterilize the needle before you use it. 사용하기 전에 바늘을 살균해요.

wash 씻다

Go wash your hands. 가서 손을 씻어요.

wipe 닦다

Use these tissues to wipe down the table. 이 화장지를 식탁 닦는 데 사용해요.

③ can't

can과 can't의 발음이 잘 구분되어 들리시나요? 영어에서는 마지막 자음을 약하게 발음하는 경향이 있어서 언뜻 들었을 때 can과 can't는 둘 다 [kən]으로 들립니다. 그래도 미묘한 발음의 차이를 설명한다면 단모음 'a'의 발음이 살짝 다릅니다. can의 'a'는 약세라서 보통 약세 모음은 '으/어'로 발음하기 때문에 살짝 '큰/캔' 사이의 발음이고, can't는 [kænt]로 발음하는데 'a'는 원래대로 발음하기 때문에 중모음 'æ' 소리가 조금 더 긴 느낌이 있습니다.

I can go.
I can't go.

④ we

아이들에게 사회 규칙을 알려 줄 때 '너는 ~해야 해!'라고 강압적인 말투를 쓰기보다는 '우리는, 우리 사회에서는 이렇게 ~하는 거야.'라고 규칙을 알려 주는 말투로 말하면 좀 더 부드럽게 전달되겠지요. 그래서 주어를 we로 시작하는 표현을 종종 사용합니다.

Finish your homework before watching TV.
→ We finish our homework before watching TV.

TV를 보기 전에 숙제를 마쳐. → 우리는 TV를 보기 전에 숙제를 마쳐.

Eat everything on your plate.
→ We eat everything on our plates.

접시에 있는 걸 다 먹어. → 우리는 접시에 있는 걸 다 먹어.

Don't talk with your mouth full.
→ We don't talk with our mouths full.

입에 음식을 가득 담고 말하지 마. → 우리는 입에 음식을 가득 담고 말하지 않아.

Don't run indoors. → We don't run indoors.

실내에서 뛰지 마. → 우리는 실내에서 뛰지 않아.

5 ▸ squeaky clean

squeaky clean은 '뽀득뽀득, 매우 깨끗이'라는 뜻입니다. 아이들이 목욕할 때 자주 사용하는 귀여운 표현입니다. 때, 먼지, 기름기 등이 너무 없어서 손가락으로 쓱 밀어 보면 '끼익' 소리가 날 정도로 깨끗하다는 뜻입니다.

My car is squeaky clean.　내 차는 아주 깨끗해.

You smell squeaky clean.　너는 매우 깨끗한 냄새가 나.

The floors are squeaky clean.　바닥은 아주 깨끗해.

6 ▸ Bath time is over.

Bath time is done.은 "목욕 시간 끝났어요."라는 뜻입니다. 그런데 **Bath time is over.**라고 하면, "목욕 시간이 완전히 끝났어요."라고 강조하는 표현이 됩니다. 길고 긴 목욕 시간이 드디어 끝났다, 혹은 아이는 더 계속하고 싶어 하지만 단호하게 끝났다고 알려 줄 때 사용하지요. **over**는 무언가 또는 누군가가 완전히 끝났거나, 패배했거나, 죽었을 때 사용합니다.

Game over.　게임 끝.

It's over between us.　우리 사이는 완전히 끝났어요.

It's not over until it's over.　끝날 때까지 끝난 것이 아닙니다.

The Bath Song

by Super Simple Songs

https://www.youtube.com/watch?v=HVYXHMY7wvo

남자 인형이 목욕을 하며 몸의 부분부분을 씻는 노래입니다. 몸의 여러 부분을 '~을 씻을 수 있어요?'라고 물어보고, 바로 '~을 씻을 수 있어요.'라고 답변하면서 재미있게 목욕합니다. 신체의 이름을 반복 노출하여 익힐 수 있습니다.

가사소개

Can you wash your feet? 발을 씻을 수 있나요?

I can wash my feet. 발을 씻을 수 있어요.

This is the way we take a bath. 우리는 이렇게 목욕을 해요.

Tubby

Leslie Patricelli (2010)

목욕 시간에 아기가 거품으로 산타의 수염, 토끼의 귀, 엄마의 긴 머리 등을 만들고, 헤엄도 치며 재미있게 노는 사랑스러운 목욕 놀이 이야기입니다. 글밥은 별로 없지만 목욕할 때 원어민들이 많이 사용하는 유용한 표현들이 풍부합니다.

Maisy Takes a Bath

Lucy Cousins (2000)

Maisy가 목욕 준비를 하는데 친구가 놀러 와서 같이 목욕하며 노는 귀여운 책입니다. run the water(물을 틀다), put in some bubbles(거품(비누)을 넣다)처럼 목욕할 때 사용하는 표현들이 많고 내용도 사랑스럽습니다.

The Pigeon Needs a Bath!

Mo Willems (2014)

진흙탕에서 노느라 몸이 더러워진 비둘기는 한 달 전에 이미 목욕을 했다고 우기며 목욕을 거부합니다. 이런 저런 트집을 잡다 막상 물속에 들어가 보니 세상에 이렇게 재미있는 게 또 있나 싶습니다. 목욕하기 싫어하거나 귀찮아하는 아이들에게 읽어 주면 좋은 책입니다.

The Flying Bath

Julia Donaldson / David Roberts (2014)

목욕 놀이 장난감들이 날아다니는 마법의 욕조를 타고 위험에 빠진 동식물을 구조하러 나섭니다. 목마른 캥거루를 구해 주고, 시든 꽃에 물을 뿌려 주고, 더러운 아기 돼지도 씻겨 줍니다. 그리고 하루가 끝나기 전 아이들의 목욕 시간에 맞춰 다시 집으로 돌아옵니다.

It's past your bedtime.

너 잠잘 시간 지났어.

원어민 따라읽기

WEEK 31 CONVERSATION

Parent	It's getting late.❶ I think that's it for bedtime stories❷ tonight.	시간이 점점 늦어지고 있어. 오늘 밤 잠자리 독서는 여기까지인 거 같아.
Child	Just one more book!	한 권만 더요!
Parent	It's past your bedtime. Let's go to bed.❸	너 잠잘 시간 지났어. 자러 가자.
Child	Oh, all right.	어, 알았어요.
Parent	I'll turn off the light.❹ Then, I'll tuck you in.	불을 끌게. 그 다음, 이불을 덮어 줄게.
Child	But I'm scared.	근데 저 무서워요.
Parent	Then I'll turn on your night light and give you a goodnight❺ kiss.	그럼 내가 수면등을 켜고 밤인사 뽀뽀를 해 줄게.
Child	Could you sing me a lullaby?	자장가를 불러 줄 수 있어요?
Parent	Of course. Good night to you. Good night to me. Now, close your eyes, and go to sleep. Good night. Sleep tight.❻ Sweet dreams tonight. Good night. I love you.	물론이지. 잘 자요. 나도 잘 잘게요. 이제, 눈을 감고, 잠을 자요. 잘 자요. 잘 자요. 오늘 밤에 달콤한 꿈을 꿔요. 잘 자요. 사랑해요.

It's getting late.

'점점 ~되고 있다'라고 표현하고 싶을 때 'It's getting + 형용사.'를 사용합니다.

It's getting better. 점점 나아지고 있어요.

My cold is getting better. 감기가 점점 나아지고 있어요.

It's getting boring. 점점 지루해지고 있어요.

The movie is getting boring. 영화가 점점 지루해지고 있어요.

It's getting cold. 점점 식어가고 있어요.

The food is getting cold. 음식이 점점 식어가고 있어요.

It's getting crowded. 점점 붐비고 있어요.

The restaurant is getting crowded. 식당이 점점 붐비고 있어요.

It's getting expensive. 점점 비싸지고 있어요.

The rent is getting expensive. 월세가 점점 비싸지고 있어요.

It's getting wet. 점점 젖어 가고 있어요.

The towel is getting wet. 수건이 점점 젖어 가고 있어요.

that's it for bedtime stories

'~는 이만합니다', '~는 여기까지입니다'라고 표현하고 싶을 때 'That's it for + 명사.'를 사용합니다.

That's it for today. 오늘은 이만합시다.

That's it for lunch. 점심은 여기까지입니다.

That's it for us. 우리는 여기까지입니다.

go to bed ─────────────────────────

정관사 **the**는 사물/개념을 구별하는 경우가 많아요. 그런데 한 명사가 '개념/사물' 두 가지를 가리킬 수 있는 경우에는 사물을 가리킬 때 **the**를 사용하고, 개념을 의미할 때는 **the**를 사용하지 않습니다.

bed와 the bed

Let's go to bed.　잠자러 가자.('수면'이라는 개념을 뜻함)

Let's go to the bed.　침대로 가자.('침대'라는 사물을 뜻함)

dinner와 the dinner

It's important to eat dinner.　저녁을 먹는 건 중요해요.('저녁 식사'라는 개념을 뜻함)

The dinner was delicious.　그 저녁 식사는 맛있었어요.('음식'이라는 사물을 뜻함)

meat와 the meat

I don't eat meat.　나는 고기를 먹지 않아요.('육식'이라는 개념을 뜻함)

The meat in the fridge is for you.

냉장고에 있는 고기는 네 것이야.('고기'라는 사물을 뜻함)

school과 the school

Where did you go to school?

학교 어디 다녔어요?('학력'이라는 개념을 뜻함)

The entrance is in the front of the school.

입구는 그 학교 앞에 있어요.('학교 건물'이라는 사물을 뜻함)

turn off the light ─────────────

불을 끄는 게 아니고 불빛을 어둡게 하는 것이라면 **to turn down**이나 **to dim**을 사용하면 됩니다.

Turn down the light.　조명을 어둡게 해요.

Dim the light.　조명을 어둡게 해요.

⑤ goodnight

goodnight는 한 단어일까요? 두 단어일까요? 일단 비슷한 단어인 **morning**이나 **afternoon**을 보면 Good morning. / Good afternoon.으로 두 단어로 사용됩니다. 그런데 특이하게도 **night**는 'good night'와 'goodnight', 둘 다 사용할 수 있습니다. 물론 쓰임새는 조금 다릅니다. **Good night.**는 "잘 자."라는 인사이고, **goodnight**는 형용사로 사용됩니다.

> Have a good night! 좋은 밤 보내세요!
> Could you give me a goodnight hug? 밤인사 포옹을 해 줄 수 있어요?

⑥ Sleep tight.

아이에게 "잘 자."라고 인사할 때 사용할 수 있는 다양한 표현들입니다.

> Don't let the bed bugs bite. (잘 자고) 침대 벌레가 물지 않게 해.
> Good night. 좋은 밤 보내.
> Have a good night. 좋은 밤 보내.
> Nighty night. / Night night. 잘 자.
> Sleep snug as a bug in a rug! 러그 속 벌레처럼 포근히 자!
> Sleep tight. / Sleep well. 잘 자.
> Sweet dreams! 좋은 꿈 꿔!
> Turn the lights off. 불 꺼.

Cultural Note : Traditional Lullabies

미국 가정에서 아이들을 재울 때 흔히 불러 주는 자장가입니다.

All the Pretty Little Horses
Brahms' Lullaby
Hush Little Baby
Frére Jacques
Sleep, Baby, Sleep
Star Light, Star Bright

Stay Awake
Sweet Dreams
Swing Low, Sweet Chariot
Twinkle, Twinkle, Little Star
Rock-a-Bye Baby

WEEK 31 SONG OF THE WEEK

Sweet Dreams

by Super Simple Songs
https://www.youtube.com/watch?v=OKbpLQp509Y

차분한 멜로디가 아이들에게 안정감을 주고, 잘 때마다 습관처럼 불러 주면 나중에 아이에게 좋은 추억이 될 수 있는 노래입니다. 전래 동요가 아니라 **Super Simple Songs**에서 최근에 제작한 노래지만 널리 알려진 기존의 다른 자장가들보다 더 따뜻하고 아름다운 노래입니다.

가사소개

Good night to you. 잘 자요.

Good night to me. 나도 잘 잘게요.

Now, close your eyes, and go to sleep. 이제, 눈을 감고, 잠을 자요.

Good Night, Gorilla

Peggy Rathmann (1994)

동물원 관리인이 동물들 하나하나에게 잘 자라고 밤인사를 하는 도중에 개구쟁이 고릴라가 우리에서 탈출해 다른 동물들까지 풀어 줍니다. 동물들이 탈출한 걸 관리인이 언제 눈치챌까 추측하는 재미가 있고 곳곳에 숨어 있는 바나나와 빨간 풍선을 찾는 재미도 있습니다.

Goodnight Moon

Margaret Wise Brown / Clement Hurd (1947)

아기 토끼가 방에 있는 사물들에게 잘 자라고 밤인사를 하고 잠이 듭니다. 잠자기 싫고 계속 놀고 싶은 아이들과 함께 이 책의 내용처럼 집 안 곳곳에 있는 물건들에게 밤인사를 하면 영어 단어도 노출하고 컴컴한 밤에 좋은 추억도 만들 수 있습니다.

The Going to Bed Book

Sandra Boynton (1982)

커다란 배에서 생활하는 동물 친구들이 잠자기 전에 하는 수면 의식(bedtime ritual)을 라임으로 재미있게 묘사한 책입니다. Sandra Boynton 작가는 늘 뻔하지 않으면서도 많이 공감되는 글로 유쾌함을 줍니다. 그림책 작가 중에 Dr. Seuss라고 부를 정도로 글도 잘 쓰고 그림도 개성이 넘칩니다.

How Do Dinosaurs Say Good Night?

Jane Yolen / Mark Teague (2000)

아이들이 잠자기 전에 하는 여러 가지 행동을 좋은 예와 나쁜 예를 들어 보여 주는 인성동화입니다. 《How Do Dinosaurs》 시리즈 중 한 편이고 이 시리즈에 등장하는 공룡들이 다 다릅니다. 그래서 1편인 이 책에서는 흔히 알고 있는 공룡들이 등장하고, 시리즈 뒤편으로 갈수록 희귀한 공룡들이 등장합니다.

미국엄마와 함께하는
리얼 엄마표 영어

6장

Daily Routine
Extras

| 일상생활 추가 |

I hurt my knee.
무릎을 다쳤어요.

원어민 따라읽기

WEEK 32 CONVERSATION

Child	Ow!❶ I hurt❷ my knee.	아야! 무릎을 다쳤어요.
Parent	Let me take a look.	한 번 보자.
	It looks like you scraped your knee.	무릎을 긁힌 것처럼 보이네.
	It's bleeding a little.	피가 조금 나네.
Child	Waah! It stings.	으아! 따가워요.
Parent	There, there.❸ Take a deep breath.	괜찮아, 괜찮아. 심호흡을 해.
	I'll put on some ointment and a bandage.	내가 연고를 바르고 반창고를 붙여 줄게.
	And here's a kiss for your boo boo.❹	그리고 상처에 뽀뽀해 줄게.
Child	I feel a little better❺ now.	이제 조금 나아진 거 같아요.
Parent	Do you want to rest a bit?	조금 쉴래?
	Or can you walk it off?❻	아니면 참을 수 있겠어?
Child	I think I can walk it off.	참을 수 있을 것 같아요.
Parent	Okay.❼ Try to keep your knee clean.	그래. 무릎을 깨끗이 하도록 해 봐.
	You don't want it to get infected.	염증이 생기는 걸 원하지 않잖아.
	If it starts to hurt again, let me know.	다시 아프기 시작하면 알려 줘.
Child	Okay, I will.	네, 그럴게요.

1 Ow!

아플 때 순간적으로 나오는 신음 소리에 대한 영어 표현을 알아볼까요?

- ow / oww / owie   아야
- ouch / ouchie   아야
- oof   으악(부딪칠 때나 고통스러울 때 숨을 내뿜는 소리)

2 hurt

부상과 관련한 다양한 동사입니다.

break   ~를 부러트리다, ~가 부러지다

- I broke my leg.   나는 다리를 부러트렸어요.

bruise   ~에 멍이 생기다

- I bruised my arm.   나는 팔에 멍이 생겼어요.

bump   ~를 부딪히다

- I bumped my knee.   나는 무릎을 부딪혔어요.

cut   ~를 베다, 베이다

- I cut my finger.   나는 손가락을 베였어요.

hurt   ~를 다치다

- I hurt my hand.   나는 손을 다쳤어요.

scrape   ~를 긁다, ~를 긁히다

- I scraped my shoulder.   나는 어깨를 긁혔어요.

twist   ~를 비틀다, 삐다

- I twisted my ankle.   나는 발목을 삐었어요.

3 **There, there.** ────────────────

there는 보통 '거기'라고 장소를 일컫는 것으로 많이 알고 있지만, 두 가지 뜻이 더 있습니다.

> There. 거기.
> There! 됐다!
> There, there. 괜찮아, 괜찮아.

> There! I fixed it. 됐다! 고쳤다.
> There, there, everything will be okay. 괜찮아, 괜찮아, 모든 것이 괜찮아질 거야.

4 **boo boo** ────────────────

어린아이들은 다친 곳, 즉 상처를 **boo boo** 혹은 **owie**라고 부릅니다.
한국에서는 아이들이 상처가 났을 때 "호-." 하고 불어 주며 아이를 위로하지요? 미국에서는 상처(반창고 위)에 뽀뽀를 해 준답니다. "상처에 뽀뽀해 줄게."라는 말은 다음과 같이 할 수 있습니다.

> I will kiss your boo boo. 상처에 뽀뽀해 줄게.
> I will kiss your owie. 상처에 뽀뽀해 줄게.

boo boo와 관련된 어휘들입니다.

blister 물집	paper cut 종이에 베인 상처
bruise 멍	scab (상처의) 딱지
burn 화상	scar 흉터
cut 베인 상처	scrape (표면적이 큰) 긁힌 상처
hangnail 손거스러미	scratch 긁힌 상처

> I will kiss your scab. 상처의 딱지에 뽀뽀해 줄게.
> Let's put a bandage on your cut. 베인 상처에 반창고를 붙이자.
> Let's put some medicine on your burn. 화상에 약을 좀 바르자.

5 **a little better** ━━━━━━━━━━━━━━━━━━

better의 앞에 어느 정도를 나타내는 부사를 넣으면 '얼마나 더 나은지'를 표현할 수 있습니다. 형용사를 수식하는, 정도와 관련된 부사들을 알아보도록 합니다.

> a bit better 약간 더 나은
> a great deal better 훨씬 나은
> a little better 조금 더 나은
> a lot better 많이 더 나은
>
> all better 다 나은
> completely better 완전히 나은
> much better 훨씬 나은
> somewhat better 다소 나은

> I feel somewhat better. 다소 나아졌어요.
> It's much better now. 지금은 훨씬 나아졌어요.
> The bruise is all better now. 멍은 이제 다 나아졌어요.

6 **walk it off** ━━━━━━━━━━━━━━━━━━

walk it off는 '걸으면서 떨쳐내다'라는 말인데, 말 그대로 '아플 때 걸으면 좀 괜찮아진다'라는 의미도 있고 '고통 혹은 쑥스러움을 신경 쓰지 않고, 덤덤하게 하던 대로 행동을 하다'라는 뜻도 있습니다. 넘어지면 바로 일어나서 아픔을 참고 원래 하던 대로 다시 걸어간다는 것이지요. 견디라고 할 때 사용할 수 있는 다른 표현들을 더 알아봅시다.

> Hold it in. 참아. / 티 내지 말아.
> Shake it off. (무엇인가를 잊어버리듯이) 털어 버려.
> Tough it out. 어려움을 참고 견뎌.
> Walk it off. (걸으면서) 떨쳐내.

7 **Okay.** ━━━━━━━━━━━━━━━━━━

okay는 의견 혹은 제안에 대해 동의할 때 긍정의 표현으로 사용합니다. 단순히 yes라고만 하지 않고, 다양한 표현들을 쓸 수 있습니다.

All right. 괜찮아요.

Fine by me. 나는 좋아요.

Fine with me. 나는 좋아요.

It's good enough for me. 나는 만족해요.

I agree. 동의해요.

Nice! 좋아요!

Sounds good! 좋아요!

Suits me. 그건 돼요.

That works for me. 나는 그게 좋아요.

The Boo Boo Song

by Cocomelon
https://www.youtube.com/watch?v=3YItYCrPZos

아기가 놀다가 넘어지고, 누나가 발가락을 찧고, 형이 자전거를 타다가 넘어지고, 아빠가 작업하다가 엄지손가락을 다쳤어요. 모두 엄마한테 치료와 위로를 받습니다. 다칠수록 침착할 필요가 있는데 차분한 가사로 아이들의 눈물을 닦아 주고 반창고를 붙여 줄 때 사용하는 표현을 배울 수 있습니다.

가사소개

I just tripped and stubbed my toe. 방금 발을 헛디뎌서 발가락을 찧었어요.

I hurt my elbow. Something's wrong. 팔꿈치를 다쳤어요. 뭔가 잘못됐어요.

I hit my thumb while working here. 여기서 일하다 엄지손가락을 쳤어요.

Kiss Baby's Boo-Boo

Karen Katz (2016)

아기들이 다칠 때마다 주변에 있는 누군가가 치료해 주고 상처에 뽀뽀를 해 줍니다. 플랩 위에는 다친 아기가 있고 플랩을 들추어 보면 아빠, 강아지, 고양이, 곰 인형, 엄마가 사랑을 듬뿍 담아 뽀뽀를 해 줍니다. 플랩을 들춰 보는 재미뿐 아니라 따뜻함이 가득 들어 있습니다.

Ouch! I Need a Plaster

Nick Sharratt (2006)

아이들이 놀다가 다치면 친절한 간호사가 plaster를 하나씩 붙여 줍니다. 다양한 형식의 부상 관련 어휘를 배우기에 좋습니다. 참고로 plaster는 영국식 영어로 반창고입니다. 미국에서는 bandage 혹은 Band-Aid라고 부릅니다.

On the Way Home

Jill Murphy (1982)

Claire는 놀이터에서 무릎을 다칩니다. 집으로 가는 길에 다친 무릎을 보고 왜 그렇게 됐냐고 묻는 친구들에게 못된 늑대가 공격했다거나, UFO에 납치당할 뻔했다거나, 유령이 쫓아왔다는 등 거짓 이유를 댑니다. 다쳤을 때 과장을 해서라도 위로와 관심을 받고 싶어 하는 아이의 심리 묘사가 잘 드러나 있습니다.

Boo Hoo Bird

Jeremy Tankard (2009)

새가 너구리와 공놀이를 하다가 공에 머리를 부딪힙니다. 동물 친구들은 "부후!" 하고 울며 아파하는 새를 위로해 주고 싶습니다. 그래서 상처에 뽀뽀를 해 주고, 쿠키, 반창고 등을 가져오지만 소용이 없습니다. 실망한 친구들은 울어 버리고 맙니다. 《Grumpy Bird》 시리즈 중 한 권입니다.

I don't feel well.
몸이 안 좋아요.

원어민 따라읽기

WEEK 33 CONVERSATION

Child	Achoo!❶ I don't feel well.	에취! 몸이 안 좋아요.
Parent	Bless you!❷ Your forehead feels hot. I'll go get the thermometer. Let's see if you have a fever.	몸조심해! 이마가 뜨겁네. 체온계를 가져올게. 열이 있는지 보자.
Child	My throat is sore, and I have a runny nose.❸	목이 따가워요, 그리고 콧물이 나와요.
Parent	That's terrible. [while taking the child's temperature] Please stay still while I take your temperature. It's 39 degrees.❹ Oh my,❺ you are very sick.	큰일이네. [아이의 체온을 재면서] 체온 잴 때 가만히 있어 주렴. 39도네. 어머, 많이 아프구나.
Child	I think I'm going to throw up.	토할 거 같아요.
Parent	Go lie down and rest in your room. You had better stay home from school today.	방에 가서 누워서 쉬어. 오늘은 학교 가지 말고 집에 있는 게 좋겠어.
Child	Achoo!	에취!
Parent	I will go make you some hot chicken noodle soup. It'll help you get better.	뜨끈한 치킨 누들 수프를 만들어 줄게. 나아지는 데 도움이 될 거야.
Child	Thank you.	고마워요.

1 Achoo!

감기에 걸려 아플 때 사용할 수 있는 의성어들을 알아봅니다.

재채기할 때	achoo 에취
기침할 때	cough 콜록
콧물 흘릴 때	sniff 훌쩍

그리고 아이들이 일상에서 많이 사용하는 의성어 하나를 더 추가하자면 딸꾹질할 때 내는 '딸국' 소리는 hiccup입니다.

2 Bless you!

미국에서는 누군가가 재채기를 하면 재채기를 한 사람에게 사악한 기운이 침범하지 말라고 **God bless you!** 혹은 **Bless you!**라고 말해 줍니다. "신이 당신에게 축복을 주시기를."이라는 뜻입니다. 중세 시대 유럽에서 유행했던 흑사병의 초기 증상이 재채기여서, 당시 교황이 재채기하는 사람들에게 **God bless you!**라고 덕담을 해 준 것이 유래라는 설이 있습니다.

또한 **Gesundheit!**도 종종 사용하는 말인데, **Gesundheit!**는 독일어로서 '건강'이라는 뜻입니다. 미국으로 이민 온 독일인들 덕분에 널리 쓰이게 되었다고 합니다.

재채기를 하고 덕담을 들은 사람은 **Thank you.**라고 답변을 합니다.

Child	Achoo! 에취!
Parent	God bless you! 몸조심해!
Child	Thank you. 감사합니다.

3 ▶ **I have a runny nose.** ━━━━━━━━━━━━━━━

열, 기침 등 감기 증상은 영어로 뭐라고 할까요? 감기 증상이 있을 때 사용할 수 있는 표현들을 알아봅니다.

I have (a) _____ .

> cough 기침
> headache 두통
>   mild headache 가벼운 두통, severe headache 심한 두통
> fever 열
>   low / mild fever 미열, high fever 고열
> runny nose 콧물
> sore throat 인후염
> stuffy nose 코 막힘
> watery eyes 눈물 젖은 눈

I have a cough. 기침을 해요.
I have a headache. 두통이 있어요.
I have watery eyes.* 눈에 눈물이 나와요.

* eyes 등 복수 명사는 'a'와 함께 사용하지 않습니다.

4 ▶ **39 degrees** ━━━━━━━━━━━━━━━━━━

체온에 대해서 이야기할 때 "Your temperature is 39 degrees Celsius."라고 합니다. 보통은 Celsius를 생략해 "Your temperature is 39 degrees."라고 하지요.

여기서 Celsius는 '섭씨'로 한국 등 대다수의 국가에서 온도를 잴 때 사용하는 측정 단위입니다. 그런데 미국에서는 온도를 잴 때 섭씨 대신 화씨, 즉 Fahrenheit를 주로 씁니다.

섭씨 화씨 온도 변환

	Celcius(섭씨)	Fahrenheit(화씨)
a hot oven 뜨거운 오븐	200°	392°
water boils 물이 끓는 온도	100°	212°
a hot desert 뜨거운 사막	50°	122°
a high fever 고열	40°	104°
room temperature 방안 온도	22°	72°
water freezes 물이 어는 온도	0°	32°

왜 이렇게 다른 측정 단위를 쓰는 것일까요? 미국은 과거 영국 제국에서 사용하던 **imperial system**을 사용하기 때문입니다. 미국은 온도뿐 아니라 길이, 무게, 부피 등을 잴 때, 인치, 피트, 파운드, 온스 등의 **imperial system**을 사용하고 있습니다.

반면에 한국 등 대다수의 국가에서는 **metric system**으로 미터, 센티미터, 그램, 킬로그램, 리터 등의 측정 단위를 사용합니다.

⑤ Oh my ━━━━━━━━━━━━━━━━━━━━━━━━━━

"어머나!"처럼 깜짝 놀라거나, "맙소사!"처럼 어이가 없어 탄식할 때 미국 사람들은 흔히 종교적인 표현을 사용합니다. 종교적인 표현을 사용할 만큼 강한 감정이입을 의미하는 겁니다.

- For heaven's sake! 제발, 하느님 맙소사!
- Holy moly! 어머나 세상에!
- Oh my god! 어머나 세상에! 맙소사!

Sick Song

by Cocomelon

https://www.youtube.com/watch?v=Vtos9gw1HJI

감기에 걸려서 기침하고 콧물이 흐르고 열도 나는 아기에게 엄마랑 아빠가 번갈아 간호하며 자장가를 불러 주는 내용입니다. 이 노래의 멜로디가 원래 유명한 자장가 <Rock-a-bye Baby>이기 때문에, 아이들이 아파서 기운 없고 잠을 자야 할 때 불러 주면 좋습니다.

가사소개
········

I hear you coughing.   네가 기침하는 게 들리네요.

Mommy can tell.   엄마는 알아요.

I'll care for you.   내가 돌봐 줄게요.

Llama Llama Home with Mama

Anna Dewdney (2011)

아기 라마는 콧물이 나고, 목이 따끔거리고, 머리는 답답합니다. 그래서 학교를 결석하고 침대에서 푹 쉽니다. 시간이 지나 아기 라마는 조금씩 나아지지만 이번에는 엄마 라마가 감기에 걸려 아기 라마가 간호해 줍니다. 《Llama Llama》 시리즈는 라임으로 이루어져 있고, 넷플릭스에서 애니메이션을 시청할 수 있습니다.

I Feel... Sick

DJ Corchin (2012)

《I Feel... Sick》은 재미있고 재치 있는 그림과 간단하고 직관적인 문장으로 어릴 때 자주 앓게 되는 질병의 증상들을 다룹니다. 아이들이 가진 증상들과 그때마다 느끼게 되는 감정을 재미있게 표현했습니다. 《I Feel》 시리즈 중 한 권입니다.

How Do Dinosaurs Get Well Soon?

Jane Yolen / Mark Teague (2003)

공룡이 독감에 걸리면 어떻게 할까 상상하게 하는 책입니다. 바닥에 더러운 휴지를 떨어뜨릴까요? 약을 문 밖으로 내던질까요? 공룡도 의사 선생님의 말씀을 잘 듣고 약을 잘 먹고 잘 쉬어서 곧 좋아질 거라고 알려 줍니다.

The Sniffles for Bear

Bonny Becker / Kady MacDonald Denton (2011)

어느 날 Bear는 감기에 걸려 매우 아픕니다. 그래서 친구 Mouse가 그의 기분을 좋게 해 주려고 다양한 방법을 시도합니다. 햇살 가득한 이야기를 읽어 주고, 신나는 합창을 부르고, 밴조로 신나는 가락을 연주하며 세상에서 가장 아프다고 생각하는 Bear를 위로합니다.

What's wrong, honey?
무슨 일이니, 아가야?

원어민 따라읽기

WEEK 34 CONVERSATION

Parent	What's wrong, honey? You look upset.	무슨 일이니, 아가야? 속상해 보이네.
Child	I can't find my stuffed bunny.❶	토끼 인형을 찾을 수가 없어요.
Parent	Did you look under your bed? It sometimes falls off your bed when you sleep.	침대 밑에 봤어? 잘 때 가끔 침대에서 떨어지잖아.
Child	Waah!❷ I looked everywhere!	으아! 여기저기 다 찾아봤어요!
Parent	Let's find a solution instead of whining.❸ Do you know what to do when things don't go your way?	징징대지 말고 해결책을 찾아보자. 일이 마음대로 안 될 때 어떻게 해야 하는지 알아?
Child	No, I'm too upset❹ to think.	아니요, 너무 속상해서 생각을 못 하겠어요.
Parent	Stop, close your eyes, and take a deep breath. How do you feel?	멈추고, 눈을 감고, 심호흡을 해. 기분이 어때?
Child	I'm not sure... I guess I feel a little better.	잘 모르겠어요…. 조금 나아진 것 같기도 해요.

Parent	I'm glad to hear that.⑤	그렇다니 다행이네.
	Now, let's go look for your bunny together.	이제, 토끼 인형 찾으러 같이 가 보자.

stuffed bunny ——————————

영어로 솜이 들어 있는 인형은 **stuffed animal** 혹은 **plush toy** (봉제 완구)라고 합니다.

Where is my stuffed teddy?   내 곰돌이 인형 어디에 있어요?
I want a stuffed tiger.   나는 호랑이 인형을 원해요.

봉제 장난감은 **plushie**, **stuffie**라고도 합니다. 그 중에서 아이가 가장 소중하게 여기는 인형은 **lovey**라고 해요.

doll

action figure

I want to buy a stuffie.　나는 봉제 장난감을 사고 싶어요.

I can't go to sleep without my lovey.　나는 인형 없이 잠을 자지 못해요.

한국어로 '인형'이라고 번역하는 또 다른 영단어로 doll과 action figure가 있습니다. doll 은 '사람을 닮은 인형'이고 action figure는 보통 영화에 나온 '영웅이나 캐릭터 인형'이지요. action figure는 1964년 장난감 회사 Hasbro가 G. I. Joe라는 군인 모습의 인형을 남자 아이 들한테 홍보하기 위해 만든 표현입니다. 이전에는 이런 장난감을 boy's doll이라고 불렀습니다.

② ▶ Waah! ━━━━━━━━━━━━━━━━━━━━━━

한국에서는 '미운 4살'이라고 하지요? 영어에서도 만 2-3세를 그렇게 표현합니다. terrible twos, terrible threes, threenager라고 합니다. 논리가 통하지 않고 떼 쓰고 소리부터 지 르는 나이이지요.

My kid has a case of the terrible twos.　우리 아이는 미운 두 살 증세가 있어요.

My daughter is going through a threenager phase.
내 딸은 미운 세 살 구간을 지나고 있어요.

③ ▶ whining ━━━━━━━━━━━━━━━━━━━━━

'떼를 쓰다'와 관련한 표현들을 알아봅니다.

> be fussy　예민하게 굴다(주로 아기에게 사용)
>
> have/throw a tantrum　짜증을 부리다, 떼를 쓰다
>
> have a meltdown　짜증을 부리다, 떼를 쓰다
>
> whine　징징거리다, 우는 소리를 하다

아이한테 떼 쓰지 말라고 할 때 이렇게 표현합니다.

Please don't whine.　징징거리지 말렴.

No tantrums, please.　떼 쓰지 말렴.

4 upset

happy, sad, angry보다 조금 더 세밀하게 감정들을 정리해 봤습니다.

bored 지루해하는	indifferent 무관심한
content 만족한	nervous 긴장한
disappointed 실망한	scared / frightened 무서운
disgusted 역겨운	shocked / surprised 놀란
embarrassed / ashamed 창피한	shy / bashful 수줍음이 많은, 부끄러운
frustrated 좌절한	sorry 미안한
hopeful 희망찬, 기대하는	tired / exhausted 피곤한

I feel hopeful about the future.   나는 미래에 대해 희망을 느껴요.

He feels indifferent about the plan.   그는 그 계획에 대해 무관심해요.

5 I'm glad to hear that.

어떤 행동에 대해 감정적인 반응을 표현할 때 'I'm + 감정 + to 동사.'를 사용할 수 있습니다.

I'm happy to meet you.   당신을 만나서 행복해요.

I'm sorry to hear that.   그 소식을 듣게 되어서 유감이에요.

I'm excited to learn.   배우게 되어 설레요.

Everything Is Going to Be Alright

by Super Simple Songs

https://www.youtube.com/watch?v=qQJroll5jWU

좋아하는 장난감을 찾지 못해 화가 날 때, 어두운 방에서 혼자 자는 게 겁날 때, 새로운 친구들을 만나 쑥스러울 때, 혹은 친구들이랑 작별 인사를 해서 슬플 때, 잠깐 시간을 갖고 심호흡을 하면 모든 게 다 괜찮아진다고 알려 주는 노래입니다.

가사소개
....

Sometimes I get a little scared. 때로는 조금 두려워요.

Then I stop. I close my eyes. 그럼 멈춰요. 눈을 감아요.

And take a deep breath. 그리고 심호흡을 해요.

The Feelings Book
Todd Parr (2000)

원색의 대담한 그림, 간결하고 재치 있는 문장으로 특히 어린이들이 가질 수 있는 다양한 느낌과 감정에 대해 보여 줍니다. 그리고 마지막에 어떤 감정을 느끼더라도 그 감정을 혼자만 알고 있지 말고 사랑하는 사람과 함께 나누라는 메시지가 있습니다.

The Color Monster
Anna Llenas (2012)

감정이 뒤죽박죽되어 혼란스러운 괴물은 감정을 색깔별로 분리해서 이해해 보려 합니다. 감정의 이름과 관련 어휘를 배우고 감정을 조절하는 법도 배웁니다. 귀여운 그림과 재미있고 화려한 팝업이 잘 어울립니다. 이처럼 Anna Llenas 작가의 팝업책은 아이들의 상상력을 자극합니다.

The Rabbit Listened
Cori Doerrfeld (2018)

Taylor에게 속상한 일이 생깁니다. 열심히 쌓아 올린 블록을 갑자기 누군가가 나타나 무너뜨립니다. 그래서 동물 친구들은 Taylor를 위로하려 하지만 도움이 되지 않습니다. 그러다가 토끼가 와서 Taylor가 필요로 하는 걸 해 줍니다. 그건 바로 가만히 들어주는 것입니다.

When Sophie Gets Angry – Really, Really Angry...
Molly Bang (1999)

Sophie는 가지고 놀던 장난감을 언니가 가져가자 불같이 화를 냅니다. 소리를 지르고 쾅 내리치고 싶고 폭발할 것만 같습니다. Sophie는 밖으로 나가 달리고 눈물을 흘리고 나서야 자연 속에서 결국 안정을 되찾습니다. 강렬한 선과 색으로 Sophie의 심리 상태를 역동적으로 표현한 그림이 매력적입니다.

WEEK 35 : 예절

What's the magic word?
어떻게 말해야 하지?

원어민 따라읽기

WEEK 35 CONVERSATION

Child	I'm thirsty! Water! Right now!	목 말라! 물! 지금 바로!
Parent	That's not very polite. It's rude to order people around like that. Let's try again. What's the magic word?❶	예의 있게 말하지 않았네. 사람들에게 그렇게 명령하는 건 무례한 거야. 다시 해 보자. 어떻게 말해야 하지?
Child	Um... May I have some water, please?	음… 물 좀 주세요.
Parent	That's much better. Here you go.❷	그게 훨씬 낫네. 여기 있어.
Child	Gulp, gulp.	꿀꺽, 꿀꺽.
Parent	What do you say?❸ I think you forgot to use your magic words again.	이럴 때 뭐라고 말해야 하지? 예의 있게 말하는 걸 또 깜박한 거 같네.
Child	Thank you. Thank you very much.❹	감사합니다. 대단히 감사합니다.
Parent	You're welcome.❺ Next time, try to remember❻ to say "please" and "thank you".	천만에. 다음에는, "부탁합니다."와 "감사합니다."라고 말하는 걸 잊지 말도록 해.
Child	I'll try to say them every day.	매일매일 말하도록 노력할게요.

Parent	That's very good.	아주 좋아.
	Don't forget to use your magic words at school too.	학교에서도 마법의 단어를 사용하는 걸 잊지 마.

1 magic word

미국에서는 예의 바른 말을 할 때 사용하는 단어들을 **magic words**라고 합니다. 예절을 가르칠 때 가장 먼저 가르치는 표현이지요. **magic words**는 다섯 개가 있습니다.

Please. 부탁해요.

I'm sorry. 미안해요.

You're welcome. 천만에요.

Excuse me. 실례해요.

Thank you. 고마워요.

What's the magic word?는 미국의 부모와 선생님들이 자주 말하는 문장입니다. 직역하자면 "마법의 단어는 뭐야?"지만 "어떻게 말해야 해?"라는 뜻입니다. 아이들이 예의 있게 말하지 않았을 때, **What's the magic word?**라고 질문함으로써 예절 바른 마법의 단어로 다시 말해 보라고 하는 것입니다.

그 밖에 문맥에 따라 **abra cadabra**, **hocus pocus** 등 주문을 외울 때 말하는 단어들도 **magic words**라고 합니다.

2 Here you go.

물건을 건네 주면서 "여기 있어."라는 뜻으로 사용하는 표현입니다. 아래 표현들은 모두 같은 뜻으로 사용합니다.

Here it is.	There you are.
Here you are.	There you go.

③ What do you say? ─────────

아래 문장들은 문장 속의 단어는 비슷한데 뜻이 다소 다릅니다.

What did you say? 뭐라고 말했어?
What do you say?(what을 강조) 이럴 때 뭐라고 말해야 하지?
What do you say?(you를 강조) 너는 어떻게 생각해?
What say you? 어떻게 생각해?

④ Thank you very much. ─────────

Thank you.를 강조하고 싶을 때 사용하는 표현입니다.

I can't thank you enough. 감사한 마음을 이루 다 말할 수가 없어요.
Thank you so much. 정말 감사합니다.
Thank you very much. 대단히 감사합니다.
Thank you from the bottom of my heart. 내 마음 깊숙한 곳에서부터 감사합니다.

친한 사이에 가볍게 표현할 때는 이렇게 말합니다.

Thanks. 고마워.	Thanks a bunch. 정말 고마워.
Thanks a lot. 정말 고마워.	Thanks a ton. 정말 고마워.

⑤ You're welcome. ─────────

이번에는 **Thank you.**에 대한 응답을 알아봅니다.

You're welcome. 천만에요.
It was my pleasure. / My pleasure. 도움이 되어 기뻐요.
Don't mention it. 별말씀을요.
No problem. 괜찮아요.
Not a problem. 괜찮아요.
Not at all. 별말씀을요.

remember

remember의 re는 '다시' 혹은 '뒤로'라는 뜻을 가진 접두사입니다. 이 외에도 영어에서 흔히 사용하는 접두사를 정리해 봤습니다.

PREFIX	MEANING	EXAMPLE
anti-	opposite 반대, counter 반박	anti-fan 안티팬, antigravity 반중력
de-	remove 제거하다, reduce 축소하다	decrease 감소하다, defrost 해동하다
dis-	not 아니다, remove 제거하다, opposite of 반대의	disagree 동의하지 않다, dislike 싫어하다
em- en-	put or go into 넣거나 들어가거나 하다, cause to be ~을 야기하다	embed 박다, emblaze 태우다, encage 가두다
fore-	before 전에, in front of 앞에	foreground 전경, forerunner 선구자
il- im- in- ir-	not 아니다	illegal 불법적인, immobile 움직이지 않는, inactive 활동하지 않는, irrational 비논리적인
im- in-	into 안으로, inside 안에, within ~의 범위 안에	immerge 뛰어들다, inside 안에
inter-	between 사이에, among ~ 중에	international 국제적인, interstellar 행성 간의
mid-	middle 가운데	midfield 미드필드, midnight 자정
mis-	bad 나쁜, wrong 틀린, failure 실패, lack 결핍	misfire 실패, mistake 잘못
non-	not 아니다	nonfiction 논픽션, nonhuman 비인간의
over-	above 위에, excess 과잉	overdo 지나치게 하다, overuse 남용하다
pre-	before 전에, in front of 앞에	predict 예측하다, prehistoric 선사 시대의

PREFIX	MEANING	EXAMPLE
semi-	half 반, partial 부분적인	semicircle 반원, semiconscious 의식이 완전하지 않은
sub-	below 아래에, secondary 이차적인	submarine 잠수함, subway 지하철
super-	above 위에, superior 우수한	superhero 슈퍼히어로, supernova 초신성
trans-	across 건너서, beyond 저편에, change 변하다, through ~을 통해	transfer 옮기다, translate 번역하다
re-	again 다시, backwards 뒤로	rebuild 재건하다, remember 기억하다
un-	not 아니다, opposite 반대	undo 원상태로 돌리다, unhappy 불행한
under-	below 아래에, less 더 적은	underage 미성년자의, underline 밑줄을 긋다

WEEK 35 SONG OF THE WEEK

'Please' and 'Thank you'
Say it every day

Please and Thank You Song

by The Singing Walrus
https://www.youtube.com/watch?v=zXIxDoCRc84

아기 펭귄들에게 예의 있게 말하는 방법을 가르치는 동요입니다. 반복적인 가사로 뭔가를 부탁할 때는 **'please'**를 사용하고 누군가가 나를 위해 뭔가를 해 주면 **'thank you'**라고 말하라고 알려 줍니다.

가사소개
········

Say 'please' and 'thank you'. '부탁해요'와 '고마워요'를 말해요.

Say it to your family at home. 집에서는 가족에게 말해요.

Say it to your teachers and your friends. 선생님과 친구들에게 말해요.

234

Time to Say "Please"!
Mo Willems (2005)

please, excuse me, sorry, thank you를 언제 말하면 좋은지, 귀여운 생쥐들이 매너를 소개하는 책입니다. Mo Willems 작가의 그림책 캐릭터인 비둘기와 아기 오리를 그림 속에서 찾는 재미도 있습니다. 같은 작가의 《Time to Pee!》도 같이 보면 더 좋습니다.

Please, Mr. Panda
Steve Antony (2014)

Mr. Panda는 동물 친구들에게 도넛을 먹고 싶은지 물어봅니다. 펭귄, 스컹크, 고래는 모두 도넛을 달라고 했지만 왠지 Mr. Panda는 주지 않습니다. 마지막에 여우원숭이가 please 라고 말하며 예의 있게 부탁하자 Mr. Panda는 모든 도넛을 여우원숭이에게 줍니다.

The Thank You Book
Mo Willems (2016)

《Elephant and Piggie》시리즈의 마지막 권입니다. 둘은 그 동안 시리즈에서 등장한 모든 캐릭터들을 하나하나 찾아가 감사의 인사를 전합니다. 그런데 Gerald는 Piggie가 누군가를 잊었다고 주장합니다. 대체 누구를 잊은 걸까요? "우리 인생에서 감사를 드려야 할 사람은 누구일까?" 아이들과 이야기 나누기 좋은 책입니다.

What Do You Say, Dear?
Sesyle Joslin / Maurice Sendak (1958)

이 책은 매너에 대한 유머러스한 책입니다. 붐비는 도시에서 쇼핑을 하다가 악어와 부딪히면 어떻게 말할까요? 멋진 신사가 아기 코끼리를 처음으로 소개해 주면 뭐라고 말할까요? 여왕이 스파게티를 너무 많이 먹여서 더 이상 의자에 앉을 수도 없을 때 뭐라고 말할까요? 이 책에 예의 바르게 대답할 말이 있습니다.

7장

Special Events

| 특별 행사 |

Happy birthday to you.

생일 축하해.

원어민 따라읽기

WEEK 36 CONVERSATION

Parent	Happy birthday![1] Guess what I have for you!	생일 축하해! 내가 뭘 준비했는지 알아맞혀 봐!
Child	A birthday cake! Thank you! I'm so excited!	생일 케이크요! 고마워요! 너무 신나요!
Parent	Happy birthday to you. Happy birthday to you. Happy birthday dear[2] Siwon. Happy birthday to you. Now, make a wish and blow out the candles in one go.[3]	생일 축하합니다. 생일 축하합니다. 사랑하는 시원이 생일 축하합니다. 생일 축하합니다. 이제, 소원을 빌고 촛불을 한 번에 꺼.
Child	[blows out candles] I made my birthday wish.[4]	[촛불을 끈다] 생일 소원을 빌었어요.
Parent	I hope your wish comes true. Now open your birthday presents.[5]	소원이 이루어지길 바란다. 이제 생일 선물을 열어 봐.
Child	Wow, it's a robot! It's exactly what I wanted. Thank you so much.	와, 로봇이에요! 제가 딱 원했던 거예요. 정말 고마워요.
Parent	You're welcome. I'm glad you like it.	천만에. 네가 좋아하니까 기쁘네.

	I put a lot of thought into picking it out.❻	선물 고르는 데 많은 고민을 했었어.
Child	You're the best!	엄마(아빠)가 최고예요!
Parent	Aw, you are so sweet.	어머, 너 참 다정하구나.

 # Happy birthday!

보통 기념일이나 공휴일을 잘 보내라고 할 때, 형용사 **happy**를 이용해서 '**Happy**＋명사!'라고 말합니다. 조금 더 길게 표현할 때는 '**Have a happy**＋명사!'라고 합니다.

Happy＋명사!	Happy anniversary! 기념일 축하해!
	Happy wedding anniversary! 결혼기념일 축하해!
	Happy Halloween! 즐거운 핼러윈 보내!
	Happy New Year! 새해 복 많이 받아!
	Happy Thanksgiving! 즐거운 추수감사절 보내!
Have a happy ＋명사!	Have a happy anniversary! 즐거운 기념일 보내세요!
	Have a happy wedding anniversary! 즐거운 결혼기념일 보내세요!
	Have a happy Halloween! 즐거운 핼러윈 보내세요!
	Have a happy New Year! 새해 복 많이 받으세요!
	Have a happy Thanksgiving! 즐거운 추수감사절 보내세요!

몇 번째 생일, 혹은 기념일이라고 표시를 할 때는 **Happy**와 기념일 사이에 서수를 넣으면 됩니다.

Happy 7th birthday!　일곱 번째 생일 축하해!

Happy 20th anniversary!　20번째 기념일 축하해!

2 dear

dear는 형용사로 '소중한, 애정하는'이라는 뜻이고, 명사로는 '소중한 사람, 애정하는 사람'이라는 뜻이 있습니다. 아이들을 지칭할 때 많이 사용하는데, 위로하거나 부탁할 일이 있을 때 특히 많이 사용합니다.

She is a very dear friend to me.　그녀는 나에게 매우 소중한 친구예요.

Don't worry, dear.　걱정하지 마, 아가야.

Please be a dear, and get me some water.　소중한 아가가 되어, 물 좀 갖다 주렴.

3 in one go

'한 번에'는 'in one + 명사'를 사용해 표현합니다. in one go에서 go는 명사로 사용된 것입니다.

in one go　한 번에, 한 방에(쉬거나 멈추지 않고)

in one sitting　한 번에, 한 방에

in one trip　한 번에, 한 번의 이동으로

in one try　한 번에, 한 번의 시도로

I beat the level in one go.　레벨을 한 방에 깼어요.

I ate all the cake in one sitting.　케이크를 한 번에 다 먹었어요.

I carried all the groceries in one trip.　모든 식료품을 한 번에 날랐어요.

I won the prize in one try.　한 번의 시도로 상을 탔어요.

'한 번'이 아니라 '여러 번'이라면 'one' 대신 다른 숫자를 사용하면 됩니다.

I ate the cake in two sittings.　케이크를 두 번에 나눠서 먹었어요.

I carried all the groceries in three trips.　모든 식료품을 세 번에 나눠서 날랐어요.

4 **wish** ───────────────────────────────

wish는 명사 혹은 동사로 사용할 수 있습니다. 동사로 쓰이면서 '~을 원하다, ~을 바라다, ~을 희망하다'라고 할 때 이렇게 표현합니다.

> wish for + 명사
> wish + to 부정사
> wish + 가정법(that 절)

I wish for a puppy. 나는 강아지를 원해요.

I wish to have a puppy. 나는 강아지를 갖고 싶어요.

I wish that I had a puppy. 나는 강아지가 있으면 좋겠어요.

5 **birthday presents** ───────────────────────────────

birthday와 관련 있는 연어(**collocation**)를 정리해 봅니다.

birthday balloon 생일 풍선	birthday gift 생일 선물
birthday cake 생일 케이크	birthday invitation 생일 (파티) 초대장
birthday card 생일 카드	
birthday celebration 생일 축하 (모임)	birthday party 생일 파티
	birthday present 생일 선물
birthday decoration 생일 장식	birthday song 생일 노래
birthday dinner 생일 저녁 식사	birthday surprise 생일 서프라이즈

6 **I put a lot of thought into picking it out.** ───────

영어로는 '정성을 다해', '정성껏'이라는 형용사가 존재하지 않습니다. 그래서 어느 만큼의 정성을 기울였는지를 시간, 기운, 마음, 노력 등을 넣어 표현합니다. 이럴 때 '**a lot of** + 명사 + **into** 동명사'로 표현할 수 있습니다.

"난 음식을 정성으로 만들었어요."는 어떻게 표현할까요?

I made the food sincerely. (X)

I made the food earnestly. (X)

이렇게 쓰면 어색한 표현이 됩니다.
영어에서는 음식을 만드는 데 많은 시간과 에너지를 쏟았다고 해야 얼마나 정성을 들인 것인지를 표현하는 것입니다.

I put a lot of time and energy into making the food. (O)
난 정성을 다해 음식을 만들었어요.(음식을 만드는 데 많은 시간과 에너지를 쏟았어요.)

I put a lot of heart into teaching my students. (O)
난 학생들을 정성을 다해 가르쳤어요.(아이들을 가르치는 데 많은 정성을 쏟았어요.)

I put a lot of effort into knitting the hat. (O)
난 정성을 다해 모자를 뜨개질했어요.(모자를 뜨개질하는 데 많은 노력을 쏟았어요.)

WEEK 36 SONG OF THE WEEK

Happy Birthday Song

by Cocomelon
https://www.youtube.com/watch?v=ho08YLYDM88

누나와 형, 동물 친구들이 아기 동생 몰래 생일 파티를 준비합니다. 파티를 준비하는 동안은 가사 없이 멜로디만 연주되고, 드디어 문이 열리고 깜짝 파티가 시작되면서 생일 축하 노래가 시작됩니다. 한국어로도 이미 친숙한 노래여서 부담 없이 부르기 좋습니다.

가사소개

Happy birthday. 생일 축하해요.

Happy birthday to you. 당신의 생일을 축하해요.

The Birthday Box
Leslie Patricelli (2007)

생일을 기다리던 아기가 드디어 생일 선물을 받습니다. 커다란 상자 속에는 강아지 인형이 들어 있고, 아기는 인형과 친구가 됩니다. 둘은 상자를 타고 바다를 건너고, 썰매를 타고, 로봇도 흉내 냅니다. 오늘이 자기 생일이고 상자를 갖게 되어 기분이 좋다는 아기의 순수함을 느낄 수 있습니다.

The Birthday Book
Todd Parr (2020)

생일을 축하할 수 있는 여러 가지 모습을 묘사합니다. 생일날에는 침대에서 편하게 아침을 먹을 수도 있고, 욕조 안에서 좋아하는 음식을 먹을 수도 있지요. 친구들과 파티를 할 수도 있고, 혼자 조용히 축하할 수도 있어요. 소원을 빌고 케이크를 먹고 선물을 받겠지요.

Birthday Bugs: A Pop-up Party
David A. Carter (2004)

《Bugs Pop-up》 시리즈 중 한 권입니다. 왼쪽 페이지에서 "상자 안에 누가 있나요?"라고 묻고 오른쪽 페이지에서 팝업으로 대답하는 형태의 책입니다. 풍선, 파티 모자, 생일 카드, 케이크, 촛불 등이 팝업 되어 나오며 <Happy Birthday> 노래로 훈훈하게 마무리됩니다.

When's My Birthday?
Julie Fogliano / Christian Robinson (2017)

"제 생일은 언제예요? 제 생일은 어디까지 왔어요? 제 생일까지 며칠 남았어요?"라고 끊임없이 질문하는 아이들이 바로 이 책의 주인공입니다. 이 책은 특이하게도 대문자가 없습니다. 끊임없이 이어지는 소문자들이 아이들의 끈질긴 질문과 목소리를 묘사합니다.

Do you have a New Year's resolution?
새해 결심은 있어?

원어민 따라읽기

WEEK 37 CONVERSATION

Parent	It's almost midnight!❶ 5... 4... 3... 2... 1... Happy New Year!	거의 자정이야. 5··· 4··· 3··· 2··· 1··· 새해 복 많이 받아!
Child	Happy New Year!	새해 복 많이 받으세요!
Parent	Out with the old and in with the new.❷ Do you have a New Year's resolution?❸	옛것은 버리고, 새것을 취하자. 새해 결심은 있어?
Child	Um... I'm not sure.	음··· 잘 모르겠어요.
Parent	Well, is there anything new you want to learn? Or how about something you want to improve about yourself?	그럼, 새로 배우고 싶은 거 있어? 아니면 스스로 나아지고 싶은 거 있어?
Child	I want to learn to tie my shoes.	신발 묶는 법을 배우고 싶어요.
Parent	That's a good one! I want to do yoga every morning.	좋은 새해 결심이네! 난 매일 아침에 요가를 하고 싶어.
Child	Me too!❹ That sounds fun.	나도요! 재미있을 거 같아요.
Parent	We can work on our resolutions together. Let's track them down in a yearly❺ planner.❻ It'll help us stay on track all year long.	우리 같이 새해 결심을 이룰 수 있겠네. 연간 다이어리에 기록해 보자. 일 년 내내 결심을 유지하는 데 도움이 될 거야.

244

1 ▶ midnight

시간과 관련한 표현들을 알아봅니다. 짧은 시간은 **at**을 사용하고, 긴 시간은 **in**을 사용합니다.
참고로 밤(**night**)에는 잠을 자기 때문에 짧다고 느껴 **at**을 사용합니다.

at noon 정오에	in the morning 아침에
at night 밤에	in the afternoon 오후에
at midnight 자정에	in the evening 저녁에
at dawn 새벽에	
at dusk 황혼에	

I went for a walk in the early morning. 난 이른 아침에 산책을 했어요.
I always have a snack in the late afternoon. 난 늦은 오후에 늘 간식을 먹어요.

2 ▶ Out with the old and in with the new.

"옛것을 버리고 새것을 취한다."라는 뜻으로 자주 사용하는 속담입니다. 새해에 특히 더
많이 사용하는 표현이고, 주로 새로운 인간관계, 도전, 일 등을 의미합니다. 구어체 영어
(**colloquial English**)에서는 이렇게 동사 없이 전치사를 명령문으로 흔히 사용합니다.

Away with that! 그거 치워!
Back to work! 다시 일해!
To the bus! 버스로 가!

③ New Year's resolution ———————

올해 첫날 어떤 다짐을 했나요? 어른들이 흔히 하는 새해 결심, 소망, 목표 등을 어떻게 표현하는지 알아볼까요?

I want to _____.

exercise more 운동 더 하기

get a promotion 승진하기

lose weight 살 빼기

save more money 저축하기

spend less time on social media SNS 줄이기

spend more time with my family 가족과 더 많은 시간 보내기

try a new hobby 새로운 취미 시작해 보기

volunteer more / do more charity work 봉사활동 더 하기

아이들이 흔히 하는 새해 결심에는 이런 것들이 있습니다.

I want to _____.

eat healthier 건강하게 먹기

eat a balanced diet 골고루 먹기

learn to jump rope 줄넘기 배우기

learn to play the piano 피아노 배우기

learn to ride a bicycle 자전거 타는 법을 배우기

get along with my siblings 형제들과 사이좋게 지내기

make more friends 친구들을 더 사귀기

shower by myself 혼자서 샤워하기

try new foods 새로운 음식 먹어 보기

watch TV less TV를 덜 보기

4 Me too!

"나도요."를 영어로 이렇게 표현할 수도 있습니다.

- Agreed. 동의합니다.
- Ditto. 상동
- Likewise. 마찬가지입니다.

- Me neither. 나도요.(부정문에서 사용)
- Same here. 여기도 마찬가지예요.
- So am I. / So do I. 나도요.

5 yearly

영어로 1년 12달의 이름을 알아볼까요? 달의 이름은 각각 무엇을 의미하며 어디에서 유래되었을까요?

January는 로마의 신 Janus의 이름을 따서 지어진 것입니다. 그는 미래와 과거를 볼 수 있도록 두 얼굴을 가졌습니다. 또한 새벽에 천국의 문을 열어 아침이 오게 하고 황혼에 천국의 문을 닫는다고 해서 '문의 신'이라고 합니다.

February는 Februa라는 고대 로마 축제의 이름을 따서 지어졌습니다. 이 축제에서는 매년 2월 몸과 마음을 깨끗이 하는 의식을 가졌다고 합니다.

March는 '로마 전쟁의 신'인 Mars의 이름을 따서 지어졌습니다. 전쟁은 주로 봄에 시작되었다고 하지요. 원래 로마 달력으로는 March가 일 년의 시작인 달이었는데, 달력 개혁 이후 January와 February가 추가되었습니다.

April은 '열리다'라는 뜻의 라틴어 aperire에서 이름을 따왔습니다. 새싹이 싹을 틔우고 꽃이 피는 달이라는 뜻이지요.

May는 고대 그리스 문화에서 봄의 여신 Maia의 이름을 따서 지어진 것입니다. '만물 생성의 여신'으로 알려져 있습니다.

June은 '결혼과 출산의 신'이자, 신들의 왕 Jupiter의 아내인 Juno의 이름을 따서 이름을 지었습니다.

July와 August는 고대 로마의 지도자 Julius Caesar와 로마의 초대 황제 Augustus의 이름을 딴 것입니다.

September, October, November, December는 로마 숫자 7, 8, 9, 10의 이름에서 유래되었습니다. 원래 1년은 March(현재 3월)를 시작으로 해서 주기가 돌아갔습니다. 그래서 원래는 7월, 8월, 9월, 10월이었는데, 1년의 첫 번째 달이 지금처럼 January로 바뀌면서 9월, 10월, 11월, 12월이 되었습니다.

6 planner

planner는 '일정 계획표'를 뜻하지요. 한국어로는 보통 '다이어리'라고 하는데, 영어의 **diary**
와는 다릅니다. **planner**와 비슷하게 사용되는 단어들을 알아봅니다.

diary	일기(개인적인 의견과 생각을 기록함)
journal	일기(diary)보다 객관적인 기록 또는 과학 기록
logbook	일지, 관찰 노트 (log에서 'blog'와 'vlog'가 유래되었습니다. blog (web+log), vlog (video+blog))
planner (student planner)	일정 계획표(학생용 일정 계획표)

New Year Song

by Cocomelon
https://www.youtube.com/watch?v=uzRNQNKIxbg

온 가족이 모여 새해 파티를 하며 서로 새해 목표를 이야기합니다. "새해 복 많이 받으세요."를 한국어, 일
본어, 프랑스어, 스페인어, 아랍어 등 세계의 여러 언어로 말하고, 세계 곳곳에 있는 친구들에게 카드를
보내는 사랑스러운 장면이 있습니다.

가사소개

Let's make a resolution. 새해 결심을 정해 봐요.

Let's make a New Year's wish. 새해 소원을 정해 봐요.

What are you wishing for? 어떤 소원을 빌었어요?

Twelve Hats for Lena: A Book of Months
Karen Katz (2002)

레나는 열두 달을 표현하는 모자 열두 개를 만듭니다. 성 패트릭 데이, 미국 독립기념일, 핼러윈, 추수감사절 장식을 보면서 아이들과 미국의 풍습과 관련한 이야기를 나눌 수 있습니다. 그림의 색감이 선명하고, 특히 어린아이들이 좋아할 만한 스타일의 그림입니다.

Happy New Year, Spot!
Eric Hill (2016)

새해 전날, 강아지 Spot은 동물 친구들과 파티를 하며 새해 소원을 이야기합니다. 밤이 깊어지자 친구들은 Spot의 집에서 같이 잠들고 아침에 일어나 함께 식사를 합니다. Spot은 벌써 새해 소원을 이루어 행복합니다. 독자들은 '친구들과 더 많은 시간 갖기'를 소원으로 빈 Spot의 모습에 흐뭇함을 느낍니다.

Hap-Pea All Year
Keith Baker (2016)

귀여운 완두콩들이 1월부터 12월까지 1년을 소개합니다. 열두 달과 계절에 관련된 단어와 표현을 배울 수 있습니다. Keith Baker 작가는 완두콩 시리즈를 통해 이 밖에도 알파벳, 숫자, 색깔을 소개합니다. 완두콩들의 표정, 머리 스타일, 자기만의 개성이 뚜렷이 드러나 있어서 하나하나 그림 보는 재미가 있습니다.

P. Bear's New Year's Party
Paul Owen Lewis (1989)

멋쟁이 북극곰이 친구들을 새해 파티에 초대합니다. 범고래 한 마리, 말 두 마리, 소 세 마리 등 자정까지 도착한 동물들의 수를 통해 숫자와 시간을 배울 수 있습니다. 검은색 타이를 매고 와야 하는 black tie party에 어울리게 초대받은 동물들은 얼룩말, 판다, 펭귄 등 모두 흑백 동물들입니다.

Will you be my Valentine?

내 밸런타인이 되어 줄래?

원어민 따라읽기

WEEK 38 CONVERSATION

| Parent | I made you a card. | 내가 너를 위해 카드를 만들었어. |
| Will you be my Valentine? | 내 밸런타인이 되어 줄래? |

Parent I made you a card.
Will you be my Valentine?
내가 너를 위해 카드를 만들었어.
내 밸런타인이 되어 줄래?

Child Yes! Happy Valentine's Day!❶
네! 해피 밸런타인데이!

Parent Thanks! Here, I will read it to you.
Roses are red, violets are blue,❷
sugar is sweet, and so are you.
고마워! 자, 내가 카드를 읽어 줄게.
장미꽃은 빨갛고, 제비꽃은 파랗고,
설탕은 달고, 너도 그래.

Child That is so sweet.❸ Thank you.
정말 달달하네요. 고마워요.

Parent Do you want to make a card too?
너도 카드를 만들고 싶어?

Child Yes, I want to make one for my best
friend.❹
네, 가장 친한 친구를 위해 하나 만들고
싶어요.

Parent That's great.
Here's some pink and red construction
paper.
좋은 생각이야.
여기 분홍색과 빨간색 판지가 좀 있어.

Child I want it to be very special.
I'll add some ribbons and lace.
아주 특별했으면 좋겠어요.
리본과 레이스를 좀 덧붙일 거예요.

Parent That's beautiful. Are you all done?
Now let's put it in an envelope to give
to your friend.
예쁘네. 다 만들었어?
이제 친구에게 주기 위해 봉투에 넣자.

Happy Valentine's Day! ————————

밸런타인데이는 2월 14일로, 3세기 초에 살았던 성 밸런타인 신부를 기념하는 축일이라고 합니다. 당시 로마 황제 클라우디우스가 청년들을 군대에 보내기 위해 결혼을 금지했는데 밸런타인 신부가 이를 어기고 서로 사랑하는 남녀를 결혼시켜 주었다고 합니다.

미국에서는 밸런타인데이를 하나의 행사처럼 기념합니다. 초등학교에서는 아이들이 각자 상자를 만들어 자기 이름을 적어 두면, 밸런타인데이에 친구들이 그 상자 안에 카드를 넣어 줍니다. 밸런타인 카드는 대형 마트에서 판매하는데, 카드만 있는 것보다는 작은 사탕이나 초콜릿, 연필 같은 문구류 등이 포함된 세트가 인기 많습니다. 학교에서는 소외되는 아이가 없게끔 모든 학생들에게 똑같이 나누어 주도록 유도하기 때문에 반 친구들에게 일일이 손편지를 쓰기는 어려워서, 마트에서 파는 저렴한 카드를 이용합니다.

Roses are red, violets are blue ————————

"**Roses are red.**"는 미국 사람이라면 다 아는 유명한 시의 구절입니다. 원래 버전은 영어 동요 전집인 《**Gammer Gurton's Garland**》(1784)에서 나왔습니다. 내용을 조금씩 바꾸어 가며 대중문화에서 많이 사용되고, 특히 밸런타인 카드의 문구로 많이 사용되고 있습니다.

다양한 버전의 시를 감상해 봅시다.

Roses are red, Violets are blue. You might not know, But I love you.	장미꽃은 빨갛고, 제비꽃은 파랗지. 넌 아마 모를 테지만, 나는 널 사랑해.
Roses are red, Violets are blue. I cannot imagine my life Without you.	장미꽃은 빨갛고, 제비꽃은 파랗지. 난 상상할 수가 없어 너 없는 내 삶을.

Roses are red,	장미꽃은 빨갛고,
Violets are blue.	제비꽃은 파랗지.
But I'll never be blue	그러나 난 우울하지 않을 거야
While I have you.	네가 나와 함께라면.

③ sweet

sweet는 '달콤한'이라는 뜻으로 맛을 표현하지만, '다정한', '착한' 등 성품을 표현하기도 합니다. 착한 성품을 나타내는 비슷한 단어들을 더 알아봅니다.

considerate 사려 깊은, 배려하는

kind 착한, 친절한

kindhearted 친절한

thoughtful 배려하는, 사려 깊은

You are considerate. 당신은 사려 깊어요.

Thank you for being thoughtful. 배려해 줘서 고마워요.

④ best friend

사람들 사이의 관계를 표현하는 어휘들을 더 알아봅시다.

acquaintance 아는 사람, 지인

classmate 반 친구*

colleague (같은 직장이나 직종에 종사하는) 동료

enemy 적

friend 친구

neighbor 이웃

peer 또래

relative 친척, distant relative 먼 친척

stranger 낯선 사람, 모르는 사람

다양한 형태의 친구(**friend**)에 대한 표현입니다.

best friend (bestie, bff(best friend forever)) 가장 친한 친구

boyfriend, girlfriend 남자친구, 여자친구

childhood friend 죽마고우

close friend 친한 친구

fair-weather friend 좋을 때만 친구

frenemy (원수 사이인) 친구(friend와 enemy의 합성어)

male friend, female friend 남사친, 여사친

neighborhood friend 동네 친구

school friend 학교(학창 시절) 친구

work friend 직장 친구

* 한국에서는 보통 같은 반 아이들을 모두 '친구'라고 하지만 영어로는 친하지 않으면 **friend**라고 하지 않고, **classmate**라고 합니다.

We're not close. She's just a classmate.
우리는 친하지 않아요. 그냥 같은 반 아이예요.

One of my distant relatives is a famous actor.
나의 먼 친척 중에 한 분은 유명한 배우예요.

He's more of an acquaintance than a friend.
그는 친구라기보다는 아는 사람에 더 가까워요.

Cultural Note : I love you.

아이들에게 I love you.(사랑해.)를 이처럼 다양한 표현으로 말할 수 있습니다.

I love you more and more each and every day.　나는 너를 매일매일 더 사랑해.

I love you to the moon and back.　달에 갔다가 돌아올 만큼 널 사랑해.

I love you with all my heart.　나는 온 마음을 다해 너를 사랑해.

No matter what, I will always love you.　무슨 일이 있어도, 나는 너를 항상 사랑할 거야.

You are my pride and joy.　너는 나의 자랑이자 기쁨이야.

You are the apple of my eye.　너는 나에게 소중한 사람이야.

You mean the world to me.　너는 나에게 세상을 의미해.

WEEK 38 SONG OF THE WEEK

I'm a Little Valentine

by The Kiboomers

https://www.youtube.com/watch?v=tMDaj-CM_5Q

유명한 동요 <I'm a Little Teapot>를 개사해서 만든 노래입니다. 사랑스러운 밸런타인 카드가 의인화되어 어떻게 자신을 예쁘게 꾸미고 사용하는지 알려 줍니다.

가사소개

I'm a little Valentine, red and white.　나는 빨간색과 흰색, 작은 밸런타인이에요.

I can say, "I love you," on Valentine's Day.
밸런타인데이에, "사랑해."라고 말할 수 있어요.

I curve my fingers around, and I can make a heart.
손가락을 구부려, 하트를 만들 수 있어요.

The I Love You Book

Todd Parr (2009)

I love you when you are scared, I love you when you are brave, I love you when you are sick... 누구든 언제나 뭘 하든 사랑을 받을 자격이 있다는 생각을 심어 주는 따뜻한 책입니다. 아이들에게 이 책을 읽어 줄 때마다 사랑한다는 말을 25번 정도 하게 됩니다.

Snuggle Puppy!

Sandra Boynton (2003)

아빠 강아지가 아기 강아지를 얼마나 사랑하는지 노래로 표현합니다. 이 책의 내용을 따뜻한 멜로디로 아이에게 불러 주면 사랑하는 감정이 더 우러나고 애착 형성에도 도움이 됩니다. 노래는 유튜브에서 들을 수 있고 Sandra Boynton 작가의 《Philadelphia Chickens》 앨범에도 있습니다.

Here Comes Valentine Cat

Deborah Underwood / Claudia Rueda (2015)

고양이는 밸런타인데이를 좋아하지 않습니다. 너무 부끄러워서 누구에게도 밸런타인 카드를 주지 않으려고 합니다. 특히나 새 이웃인 개한테는 절대로요. 개는 뼈다귀와 공을 아무 데나 막 던지고 울음소리도 시끄럽습니다. 그런데 개한테서 밸런타인 카드가 먼저 오고, 고양이는 자기도 모르게 마음을 열게 됩니다.

Happy Valentine's Day, Mouse!

Laura Numeroff / Felicia Bond (2009)

밸런타인데이를 맞아 생쥐는 친구들 하나하나를 생각하며 각자에게 어울리는 밸런타인 카드를 정성을 다해 만듭니다. 카드를 받을 친구의 특징을 살려 친구가 좋아할 만한 카드를 정성스레 만드는 사랑스럽고 따뜻한 이야기입니다.

Trick or treat!

과자 안 주면 장난칠 거예요!

원어민 따라읽기

WEEK 39 CONVERSATION

Parent	Let's play trick or treat. Go put on a costume, and meet me at that door.	트릭 오어 트리트 놀이를 하자. 가서 코스튬을 입고 저 문에서 만나.
Child	Okay. Knock knock. Ding dong.	네. 똑똑. 딩동.
Parent	Who is it?❶	누구세요?
Child	Boo! Did I scare you? I'm a little ghost. Trick or treat!	우우! 내가 놀라게 했나요? 나는 꼬마 유령이에요. 과자 안 주면 장난칠 거예요!
Parent	You sure scared me.❷ Here are some treats for you, little ghost. You may pick two.	나를 놀라게 한 게 틀림없구나. 여기 과자가 좀 있어, 꼬마 유령아. 두 개 골라도 돼.
Child	I'll take one chocolate bar and one lollipop.❸ Thank you.	초콜릿 바 하나와 막대 사탕 하나를 가져 갈게요. 감사합니다.
Parent	Don't eat all your Halloween❹ candy at once. You don't want to get a stomachache.	핼러윈 사탕을 한꺼번에 다 먹지는 말렴. 배 아프고 싶지는 않잖아.
Child	I will only eat two a day. Boo!	하루에 딱 2개만 먹을게요. 우우!
Parent	Ah! You scared me again.	아! 또 나를 놀라게 했네.
Child	Tee hee.❺ You are so fun to scare.	히히. 엄마(아빠)를 놀라게 하는 게 정말 재미있어요.

Who is it? ────────────

"누구세요?"를 영어로 어떻게 말할까요? 대개는 **Who are you?**라고 묻지요. 그런데 다르게 말하는 예외적인 경우가 있습니다.

누군가가 문을 두드릴 때	Who is it? Who's there?
누군가가 전화를 걸 때	Who's this? Who's calling?

2 **You sure scared me.** ────────────

한국어로 무서워서 "간 떨어질 뻔했다."처럼 영어에도 겁과 관련된 관용적인 표현들이 참 많습니다. 겁과 관련된 관용 표현들을 알아봅시다.

be scared stiff   깜짝 놀라다, 질겁하다

I was scared stiff when I saw the shadow.
그림자를 보았을 때 나는 깜짝 놀랐어.

be scared to death   무서워서 죽을 것 같다

I was almost scared to death by that sound.
그 소리에 나는 무서워서 거의 죽을 것 같았어.

get (or give) the heebie-jeebies   불안하고 초조한 상태가 되다

The movie gave me the heebie-jeebies.
그 영화는 나를 초조하게 만들었어.

scare the living daylights out of someone ~에게 잔뜩 겁을 주다

> You scared the living daylights out of me.
> 너는 나에게 잔뜩 겁을 주었어.

scare the pants off someone ~를 놀라게 하다

> You scared the pants off of me.
> 너는 나를 놀라게 했어.

quake / shake in one's boots 벌벌 떨다, 무서워하다

> I shook in my boots when she called my name.
> 그 여자가 내 이름을 부르자 나는 벌벌 떨었어.

3 ▶ lollipop ─────────────

다양한 사탕의 종류를 알아보도록 해요.

caramel 캐러멜

candy 사탕

  candy button 콩알 같은 작은 사탕, candy cane 지팡이 사탕

chocolate 초콜릿

  chocolate bar 초콜릿 바

cotton candy 솜사탕

fudge 퍼지(설탕, 버터, 우유로 만든 사탕)

gumdrop 검드롭(동그란 작은 젤리)

gummy 젤리

  gummy bear 곰 모양의 젤리, gummy worm 지렁이 모양의 길쭉한 젤리

jelly bean 젤리 빈(겉은 딱딱하고 속은 젤리로 된 콩 모양 사탕)

lollipop / sucker 막대 사탕

licorice 감초 사탕

taffy 태피(설탕을 녹여 만든 말랑말랑한 사탕)

Halloween

핼러윈은 10월 31일에 기념합니다. 고대 켈트족의 삼하인(**Samhain**) 축제에서는 귀신을 물리치기 위해 모닥불을 피우고 특별한 의상을 입었습니다. 8세기에 교황 그레고리 3세가 11월 1일을 모든 성인(聖人)들을 기리는 날, 즉 **All Saints' Day**로 지정했는데 여기에 **Samhain**의 전통 가운데 일부가 들어와 섞였던 것입니다. 전날 저녁은 **All Hallows' Eve**라고 불렸고 (**Eve**: 종교 축일, 명절 등의 전날), 그러다가 **Halloween**으로 불렸다고 합니다.

현대의 **Halloween**은 어떤 종교나 전통적인 의미를 가진 날이라기보다는 재미있는 축제입니다. 미국에서는 가을이 되면 많은 아이들이 호박 농장(**pumpkin patch**)을 방문해 주황색 호박을 집으로 가져갑니다. 호박에 구멍을 내어 얼굴 모양을 만들고 안에 촛불을 꽂아 **jack-o'-lantern**을 만듭니다. 핼러윈이 가까워지면 **jack-o'-lantern** 말고도 다양한 장식품으로 정원과 집 안을 으스스한 분위기로 장식합니다.

10월 31일 저녁이 되어 어두워지면 어린아이들은 주로 유령, 슈퍼히어로, 공주, 마녀, 좀비, 뱀파이어 등으로 코스튬을 입어 변장하고 **trick or treat** 놀이를 하기 위해 골목으로 나옵니다.

5 **Tee hee.**

영어로 다양한 웃음 소리를 표현해 볼까요.

ha ha / haha	기본 웃음 소리
he he / hehe	살짝 공손한 웃음 소리
heh / heh-heh	가벼운 웃음 소리, 혹은 비웃는 웃음 소리
hee hee	가볍거나 귀여운 웃음 소리
ho ho ho	산타 할아버지의 웃음 소리
tee hee	고음 및 청소년의 웃음 소리

Knock Knock, Trick or Treat?

by Super Simple Songs

https://www.youtube.com/watch?v=4jxcWIq3CBg

아이들이 코스튬을 입고, "**Trick or treat?**"를 외치면서 자기 소개를 합니다. 꼬마 유령, 카우보이, 마녀, 몬스터, 발레리나, 해적 등 아이들이 좋아하는 핼러윈 코스튬을 보여 줍니다. 멜로디가 간단하면서 중독성이 있어서 따라 부르기 쉽습니다.

가사소개

Knock knock, trick or treat?   똑똑, 과자를 안 주면 장난칠 거예요.

Who are you?   누구세요?

I'm a little ghost.   나는 작은 유령입니다.

Boo!

Leslie Patricelli (2015)

귀여운 아기가 핼러윈을 준비합니다. 아빠와 함께 jack-o'-lantern을 만들고, 엄마와 함께 다양한 핼러윈 코스튬을 입어 보고 "Trick or treat?"를 하러 갑니다. 핼러윈은 무엇을 하는 날인지 제대로 볼 수 있고, 핼러윈과 관련된 어휘도 많이 배울 수 있습니다.

Eek! Halloween!

Sandra Boynton (2016)

어느 날 닭들은 이상한 일들을 겪게 됩니다. 깜박이는 눈을 지닌 호박, 거대한 쥐, 마녀와 마법사 등을 보고 깜짝 놀랍니다. 이게 대체 무슨 일인가요? 닭들은 오늘이 바로 핼러윈이라는 것을 알게 됩니다. 글밥이 적지만 라임과 박자가 재미있는 보드북입니다.

Knock Knock Who's There?

Sally Grindley / Anthony Browne (1985)

커다란 고릴라, 마녀, 유령, 용, 거인 등 온갖 무서운 것들이 방문을 두드리며 들어가도 되냐고 물어요. 방으로 들이기엔 겁나는데, 때마침 핫초코를 손에 든 아빠가 등장합니다. 아이들과 똑똑 노크하고 이 책의 내용을 따라 하면서 놀이를 하면 상상력이 더 풍부해집니다.

Big Pumpkin

Erica Silverman / S.D. Schindler (1992)

호박 파이를 만들려고 마녀가 호박 씨를 심었는데 호박이 엄청 크게 자라서 잘 안 뽑혀요. 유령, 흡혈귀, 미라, 박쥐가 도와주러 와서 결국은 모두 힘을 합해 호박을 뽑아요. 그러고는 다 같이 맛있는 호박 파이를 먹지요. 러시아 설화 <The Gigantic Turnip>을 기반으로 만든 스토리입니다.

Would you like to decorate the Christmas tree?

크리스마스트리를 장식할래?

원어민 따라읽기

WEEK 40 CONVERSATION

Parent	Would you like to decorate the Christmas❶ tree with me?	나랑 크리스마스트리를 장식할래?
Child	Yes! I would love to!	네! 하고 싶어요!
Parent	Then first, hang up❷ these ornaments on the tree.	그럼 먼저, 나무에 이 장식품들을 걸어.
Child	Like this?	이렇게요?
Parent	Try to spread them out evenly.❸ Like so.❹ Then wrap this tinsel around the tree. After that, hang up the stockings.	고르게 펼쳐지게 해 봐. 이런 방식으로. 그 다음 이 반짝이를 나무에 둘러 감아. 그 후에, 스타킹을 걸어.
Child	Hanging stockings is my favorite part! One for Mommy, one for Daddy, and one for me!	스타킹 거는 게 가장 좋아요! 엄마 거 하나, 아빠 거 하나, 그리고 내 거 하나!
Parent	The decorations look amazing. Now we just need to write a letter to Santa Claus.❺	장식이 멋져 보이네. 이제 산타클로스에게 편지를 써야 해.
Child	What should I write?❻	뭐라고 써야 하죠?

Parent	Write about the kind things you did this year.	올해 네가 한 착한 일에 대해 써.
	Then ask for the things you want.	그 다음 원하는 것을 부탁해.
	Don't forget to sign your name.	서명하는 걸 잊지 마.

 WEEK 40 LANGUAGE INSIGHT

1   Christmas

한국에서는 **Christmas**가 젊은 연인들을 위한 날이지만 미국에서는 가족이 모여 함께 시간을 보내는 명절 같은 날입니다. 미국에서는 **Thanksgiving**과 **Christmas**가 한국의 추석과 설날처럼 가장 큰 가족 행사입니다.

어릴 때는 산타 할아버지에게 선물을 받는 재미로 크리스마스를 기다리지만 어른들에게 **Christmas**는 가족이 모여 함께 즐거운 시간을 갖고, 집밥을 나누어 먹는 따뜻한 추억이 있는 시간입니다.

크리스마스 음식	candied yams, Christmas ham, cranberry sauce, green bean casserole, mashed potatoes and gravy 등
크리스마스 간식	candy canes, eggnog, fruitcake, fudge, gingerbread man, pecan pie, peppermint bark, ribbon candy, yule log 등

② hang up

hang과 hang up은 둘 다 '걸다'를 의미합니다. 그러므로 Hang the stockings.와 Hang up the stockings.는 큰 차이가 없습니다.

하지만 hang up은 '전화를 끊다'라는 의미가 추가로 있으니 주의하세요.

: He hung up on me. 그는 내 전화를 끊었어요.

③ spread them out evenly

spread(펼치다)와 같이 사용하는 부사들을 알아봅시다.

> spread generously 아낌없이(후하게) 펼치다
> spread liberally 넉넉하게 펼치다
> spread randomly 무작위로 펼치다
> spread sparingly 아끼며(절약하여) 펼치다
> spread thickly 두껍게 펼치다
> spread thinly 얇게 펼치다
> spread uniformly 균일하게 펼치다

: Spread the pieces randomly. 조각들을 마구 흩뜨려.
: Spread on the butter generously. 버터를 아낌없이 발라.

④ Like so.

like this는 말 그대로 '이렇게'를 뜻하고, like so는 '이렇게, 이런 방식으로'를 뜻합니다.

: Slice the bread like so. 식빵을 이렇게 썰어 주세요.
: Mix them like so. 이렇게 섞어 주세요.

like so와 비슷한 표현으로 just so(딱 그 방식으로)도 있습니다.

I like my rice just so. 저는 밥을 딱 그렇게 하는 걸 좋아해요.

I usually wear my scarf just so. 저는 대개 목도리를 딱 그렇게 둘러요.

5 Santa Claus

Santa Claus는 다양한 닉네임이 있는데 그중에 **Father Christmas**, **Saint Nicholas**, **Saint Nick**, **Kris Kringle** 등이 있습니다.

Santa는 '**naughty list**(말썽꾸러기 명단)'와 '**nice list**(착한 아이 명단)'를 만드는데, **naughty list**에 있는 아이들은 석탄을 받고 **nice list**에 있는 아이들은 선물을 받습니다. 참고로 석탄을 받는 이유는 옛날에는 집에 석탄이 흔하게 있었기 때문에 따로 준비할 필요가 없는 편리한 '선물'이었기 때문이랍니다.

그리고 보통 12월에 대형 쇼핑몰에 가면 **Mall Santa**가 있습니다. 쇼핑몰 직원이 산타 할아버지 복장을 하고 아이들과 사진을 찍어 주는 행사가 있습니다.

6 What should I write?

아이들이 Santa에게 쓰는 편지의 예시입니다.

Dear Santa,

My name is Siwon. I am six years old.

This year, I tried very hard to be nice.

I even shared my toys with my little sister.

For Christmas, I hope I can get a puppy.

I hope you have a safe trip.

Love,

Siwon

Cultural Note : Classic Christmas Movies

크리스마스를 소재로 하는 영화 리스트입니다.

A Charlie Brown Christmas(1965) 찰리 브라운의 크리스마스

A Christmas Story(1983) 크리스마스 스토리

Elf(2003) 엘프

Frosty the Snowman(1969) 꼬마 눈사람

How the Grinch Stole Christmas(1966) 그린치

Home Alone(1990) 나 홀로 집에

Home Alone 2: Lost in New York(1992) 나 홀로 집에2 뉴욕을 헤매다

Rudolph the Red-Nosed Reindeer(1964) 루돌프 사슴코

The Nightmare Before Christmas(1995) 크리스마스 악몽

The Polar Express(2004) 폴라 익스프레스

WEEK 40 SONG OF THE WEEK

Decorate the Christmas Tree

by Super Simple Songs
https://www.youtube.com/watch?v=ZpJCgTx_auc

<Deck the Halls>라는 유명한 크리스마스 캐롤을 개사한 노래입니다. <Deck the Halls>에는 "Hail the new, ye lads and lasses. Don we now our gay apparel." 등 옛날 말이 많아 원어민도 부르기 어려운데, 가사를 현대화하여 부르기 좋게 만들었습니다. .

가사소개

Hang the stockings, 1 2 3. 스타킹을 걸어요, 하나 둘 셋.

Wrap the presents happily. 기쁜 마음으로 선물을 포장해요.

On a sleigh ride, go go go. 썰매를 타고, 가요 가요 가요.

It's Christmas, David!

David Shannon (2010)

말썽꾸러기 David는 산타 할아버지에게 근사한 선물을 기대하지만 사고를 너무 많이 쳐서 선물 대신 석탄 덩어리를 받습니다. 하지만 이건 꿈이었고 꿈에서 깨어 보니 멋진 자전거가 있습니다. David 시리즈는 말썽꾸러기의 행동에 재미와 공감을 느끼게 하고 따뜻한 결론으로 감동을 줍니다.

Dear Santa

Rod Campbell (2004)

산타 할아버지는 특별한 선물을 포장하고 있습니다. 하지만 뭔가 마땅치 않습니다. 너무 작다, 크다, 무섭다, 지저분하다는 이유로 새로운 선물을 포장할 때마다 플랩을 열며 뭘까 추측해 보는 재미가 있습니다. 마지막 장에서는 부드러운 고양이 털도 만질 수 있습니다. Rod Campbell 작가의 대표작 《Dear Zoo》도 추천합니다.

Father Christmas

Raymond Briggs (1973)

크리스마스 이브의 아침, 산타 할아버지는 잠에서 깨어 일하러 갈 준비를 합니다. 춥고 궂은 날씨에 나누어 주어야 할 선물이 많아 투덜거리는 산타의 모습이 옆집 할아버지처럼 친근합니다. 글은 많지 않고 그림은 만화 형태로 되어 있어 아이들이 가볍게 볼 수 있지만 내용은 깊이가 있습니다.

Merry Christmas, Big Hungry Bear!

Audrey Wood / Don Wood (2002)

크리스마스 준비로 바쁜 생쥐는 춥고 깜깜한 동굴에 살고 있는 곰에게 자신의 선물을 빼앗기지 않겠다고 다짐하지만 결국에는 외로운 곰에게 조심조심 선물을 놓아 주고 갑니다. 크리스마스와 나눔에 대해 생각을 해 보게 합니다. 《The Little Mouse, the Red Ripe Strawberry, and the Big Hungry Bear》의 후속작입니다.

Daily Expressions for Parents
부모가 매일매일 사용하는 기본 생활 문장

1 | Waking Up 일어나기

원어민 따라읽기

1. **Good morning.** 좋은 아침이야.
2. **It's time to wake up.** 일어날 시간이야.
3. **Did you sleep well?** 잘 잤어?
4. **Did you have any good dreams?** 좋은 꿈 꿨어?
5. **Do you want to sleep five more minutes?** 5분 더 자고 싶어?
6. **You overslept.** 늦잠을 잤네.
7. **You need to get up now.** 이제 일어나야 해.
8. **You'll be late for school.** 학교 늦겠다.
9. **Did you get up by yourself? Good job!** 혼자서 일어났어? 잘했어!
10. **Let's do a morning stretch.** 아침 체조를 하자.
11. **Arms to the left! Arms to the right!** 팔을 왼쪽으로! 팔을 오른쪽으로!
12. **Straighten your limbs.** 팔다리를 펴.
13. **Now you are ready to start your day!** 이제 하루를 시작할 준비가 됐네!
14. **Let's get out of bed.** 침대에서 일어나자.

2 | Eating Meals and Snacks 식사와 간식 먹기

원어민 따라읽기

1. **Are you hungry?** 배고프니?

2. **Let's eat breakfast.** 아침 먹자.

3. **Let's eat a snack.** 간식 먹자.

4. **What do you want to eat?** 뭐 먹고 싶어?

5. **Go wash your hands.** 가서 손 씻어.

6. **Here's your snack.** 여기 간식 있어.

7. **Is it yummy?** 맛있어?

8. **Eat up.** 많이 먹어.

9. **Chew thoroughly.** 꼭꼭 씹어 먹어.

10. **Stay in your seat while eating.** 음식 먹는 동안 자리에 가만히 앉아 있어.

11. **Try not to make a mess while eating.** 음식 먹는 동안 어지르지 않도록 해 봐.

12. **Eat everything on your plate.** (남기지 말고) 접시에 있는 거 다 먹어.

13. **Blow on it before you eat it.** 호호 불어서 먹어.

14. **Don't be a picky eater.** 편식하면 안 돼.

15. **You should eat your vegetables.** 채소를 먹어야 해.

16. **Let's eat just one more bite.** 딱 한 입만 더 먹자.

17. **Would you like some more?** 더 먹을래?

18. **Wipe your mouth.** 입 닦아.

19. **Put your dishes in the sink after you're done eating.**
    다 먹고 그릇을 싱크대에 넣어.

3 | Washing Your Face

세수하기

1. **Let's go wash your face.** 세수하러 가자.

2. **Roll up your sleeves.** 소매를 말아 올려.

3. **Turn on the faucet.** 수도꼭지를 틀어.

4. **Pump the soap.** 비누를 펌핑 해.

5. **Lather up.** 비누칠해서 거품을 내.

6. **Blow your nose.** 코 풀어.

7. **Wash away your eye boogers.** 눈곱을 씻어 내.

8. **Wash behind your ears.** 귀 뒤도 씻어.

9. **Wash every nook and cranny.** 구석구석 다 씻어.

10. **You missed a spot.** 한 군데 빠뜨렸네.

11. **Rinse your face with warm water.** 따뜻한 물로 얼굴 헹궈.

12. **You did a good job washing up.** 깨끗하게 잘 씻었네.

13. **Your face looks nice and clean.** 얼굴이 아주 깨끗해 보이네.

14. **Here's a towel.** 여기 수건 있어.

4 | Brushing Your Teeth 양치하기

원어민 따라읽기

1. **Let's go brush your teeth.** 양치하러 가자.

2. **Do you need help brushing your teeth?** 양치하는 데 도움이 필요해?

3. **Squeeze some toothpaste onto your toothbrush.** 칫솔에 치약을 조금 짜.

4. **Don't swallow the toothpaste.** 치약을 삼키지 마.

5. **Brush from left to right and up and down.** 왼쪽에서 오른쪽으로, 위아래로 닦아.

6. **Brush all the nooks and crannies.** 구석구석 닦아.

7. **Spit out the foam.** 거품 뱉어.

8. **Gargle and spit.** 오물오물 입 안을 가시고 뱉어.

9. **Let's see if you brushed properly. Say "ah."** 잘 닦았나 보자. "아" 해 봐.

10. **You need to brush a little more.** 조금 더 닦아야겠어.

11. **You forgot to brush your molars.** 어금니 닦는 걸 잊었네.

12. **Now let's floss your teeth.** 이제 치실을 하자.

13. **You did a good job brushing your teeth.** 양치질을 잘 했네.

5 | Getting Dressed 옷 입기

원어민 따라읽기

1. **Let's get dressed.** 옷 입자.

2. **What do you want to wear?** 뭐 입고 싶어?

3. **You take your pick.** 네가 원하는 거 골라 봐.

4. **Can you put on your clothes by yourself?** 혼자 입을 수 있어?

5. **Do you need Mommy's (Daddy's) help?** 엄마(아빠)의 도움이 필요해?

6. **Are you done getting dressed?** 옷 다 입었어?

7. **It looks good on you!** 잘 어울리네!

8. **You put it on backward.** 거꾸로 입었네.

9. **I'll zip it up for you.** 지퍼를 올려 줄게.

10. **I'll button it for you.** 단추를 채워 줄게.

11. **You need to put on socks.** 양말을 신어야지.

12. **Your socks don't match.** 양말이 짝짝이네.

13. **Which shoes do you want to wear?** 어떤 신발 신고 싶어?

14. **Do you want to wear sneakers or sandals?** 운동화 신을래, 샌들 신을래?

15. **Your shoes are on the wrong feet.** 신발을 잘못 신었어.

16. **Let's switch the left and right shoes.** 왼쪽, 오른쪽 신발을 바꿔서 신자.

6 | Taking a Bath 목욕하기

1. **It's time for your bath.** 목욕 시간이야.

2. **Take off your clothes.** 옷을 벗어.

3. **Go inside the bathtub.** 욕조 안으로 들어가.

4. **Is the water warm?** 물이 따뜻하니?

5. **Let's start by washing your hair.** 머리부터 감자.

6. **Don't move. Stay still.** 움직이지 마. 가만히 있어.

7. **Should we play in the water for a bit?** 물에서 조금 놀까?

8. **Don't splash Mommy (Daddy).** 엄마(아빠)한테 물 튀기지 마.

9. **Let's rinse one last time.** 마지막으로 한 번 헹구자.

10. **Close your eyes tight.** 눈 꼭 감아.

11. **All done. Let's go out.** 다 했어. 나가자.

12. **Be careful not to slip.** 미끄러지지 않게 조심해.

13. **Let's towel off.** 수건으로 물기를 닦자.

14. **Let's get dressed and dry off your hair.** 옷 입고 머리 말리자.

15. **Do you feel squeaky clean now?** 이제 뽀득뽀득 깨끗해진 게 느껴져?

1. **It's getting late.** 시간이 점점 늦어지고 있어.

2. **It's past your bedtime.** 너 잠잘 시간 지났어.

3. **You have to go to bed now.** 지금 자야 해.

4. **It's already 9 o'clock.** 벌써 9시야.

5. **Go pee before you go to bed.** 자기 전에 가서 쉬해.

6. **Go put on your pajamas.** 가서 잠옷 입어.

7. **I'll put you to bed.** 재워 줄게.

8. **I'll tuck you in.** 이불을 덮어 줄게.

9. **I'll read you a bedtime story.** 잠자리 책 읽어 줄게.

10. **That's it for bedtime stories tonight.** 오늘 밤 잠자리 독서는 여기까지야.

11. **I'll sing you a lullaby.** 자장가 불러 줄게.

12. **Are you getting sleepy?** 잠이 오고 있어?

13. **I'll turn off the lights.** 불을 끌게.

14. **Good night, my baby.** 잘 자라, 우리 아가.

15. **Have a nice dream.** 좋은 꿈 꿔.

1. **What do you want to play?**　뭐 하고 놀고 싶어?

2. **Should we play house / hide and seek?**　소꿉놀이/숨바꼭질 할까?

3. **Should we draw something?**　그림 그릴까?

4. **Which book should we read?**　어떤 책 읽을까?

5. **You can watch TV for just 30 minutes.**　TV는 딱 30분만 볼 수 있어.

6. **Don't sit too close to the TV.**　TV에 너무 가까이 앉지 마.

7. **Who made this mess?**　누가 이렇게 어질렀지?

8. **Let's organize your toys.**　장난감 정리하자.

9. **What are you thinking about?**　무슨 생각 해?

10. **What are you doing?**　뭐 하고 있어?

11. **Could you help Mommy (Daddy)?**　엄마(아빠) 도와줄래?

12. **Play nicely with your friends.**　친구랑 사이 좋게 놀아.

13. **Share your food.**　(사이 좋게) 나눠 먹어.

14. **Should we call Mom (Dad)?**　엄마(아빠)한테 전화해 볼까?

원어민 따라읽기

1. **Good job!** 　잘했어!

2. **You're doing great!** 　잘하고 있어!

3. **You can do it!** 　할 수 있어!

4. **See, I knew you would do well.** 　그것 봐, 잘할 줄 알았어.

5. **You did it all by yourself!** 　혼자서 다 했네!

6. **You're a big kid now!** 　이제 다 컸네!

7. **I'm proud of you!** 　네가 자랑스러워!

8. **My son/daughter is the best!** 　우리 아들/딸이 최고야!

9. **That's a good idea!** 　좋은 생각이야!

10. **You are very kind.** 　너는 참 착해.

11. **That's really brave of you.** 　정말 용감하구나.

12. **You are even smarter than me.** 　나보다 더 똑똑하네.

13. **You are a hard worker.** 　너는 열심히 노력하는 사람이야.

14. **You are beautiful inside and out.** 　내적으로나 외적으로나 너는 정말 아름다워.

15. **Thank you for being honest.** 　솔직하게 말해 줘서 고마워.

16. **You are the apple of my eye.** 　너는 나에게 소중한 존재야.

17. **You are cute as a button.** 　너는 깜찍하게 귀여워.

18. **I love you to the moon and back.** 　하늘만큼 땅만큼 사랑해.

음원 파일 다운로드하기

1. 세이펜에 다운로드하기

❶ 컴퓨터에 세이펜 전용 USB 케이블을 꽂은 다음 세이펜과 연결합니다.

❷ 핀파일 매니저를 실행시키고 로그인하면 좌측에 출판사 목록이 나타납니다.

❸ 출판사 목록에서 [노란우산]을 선택하면 우측에 도서목록이 나타납니다.

[미국엄마와 함께하는 리얼 엄마표 영어]를 선택한 후 [선택한 음원 다운로드] 버튼을 클릭하여 핀파일 음원을 다운로드합니다.

❹ 핀파일 다운로드가 끝나고 LED의 깜박거림이 멈추면 세이펜에서 USB 케이블을 분리합니다.

※ 핀파일 매니저 프로그램은 세이펜 홈페이지(www.saypen.com)에서 [음원 다운로드] 메뉴를 선택하여 핀파일 매니저(PP매니저)를 다운로드 받을 수 있습니다.

2. 휴대폰에 다운로드하기

휴대폰으로도 《미국엄마와 함께하는 리얼 엄마표 영어》 음원을 다운로드 받아 들을 수 있어요.
휴대폰으로 뒷표지에 있는 QR 코드를 스캔해 mp3 음원을 다운로드 받으세요.

미국엄마와 함께하는 리얼 엄마표 영어

1판 1쇄 2023년 9월 20일
1판 4쇄 2024년 10월 30일

지은이 김캐서린(미국엄마)

펴낸이 정연금

펴낸곳 (주)멘토르출판사

편집디자인 디박스

녹음 Dear Culture

등록 2004년 12월 30일 제 302-2004-00081호

주소 서울시 광진구 능동로 331(중곡동, 2층)

전화 02-706-0911

팩스 02-706-0913

이메일 mentorbooks@naver.com

ISBN 978-89-6305-937-2 (13740)

※ 노란우산은 (주)멘토르출판사의 아동 및 자녀교육 출판 전문 브랜드입니다.

※ 책값은 뒤표지에 있습니다.

※ 잘못된 책은 구입한 서점에서 바꾸어 드립니다.

신나게! 재미있게! 노래하며 배워요~

노래로 배우는 잉글리시

우리 아이, 영어를 어떻게 시작할까요?
공부를 놀이처럼 즐길 수 있다면 정말 좋겠지요?
노래로 배우는 잉글리시는 영어를 좋아하고,
영어에 흥미와 관심을 가진 아이로 자라도록 이끌어 줍니다.

QR을 휴대폰으로
콕 찍어서 노래를
들어보세요!

Tiny Hands 타이니 핸즈

층층이 예쁜 무지개 빛깔 보드북으로 재미있게 배워요.

구성	본책 4권, 스티커 4장, 음원 CD 1장(액팅, 노래, MR), 가이드북 1권, 워크북 pdf 파일

Little Big 리틀 빅

동물 모양 플립을 넘기면 새로운 이야기가 짠 나타나요.

구성	본책 4권, 스티커 4장, 음원 CD 1장(액팅, 노래, MR), 가이드북 1권, 워크북 pdf 파일

Seasons 시즌스

봄 여름 가을 겨울, 계절마다 특별한 사계절의
특징을 찾아보고 탐구해요.

구성	본책 4권, 스티커 4장, 음원 CD 1장(액팅, 노래, MR), 가이드북 1권, 워크북 pdf 파일

Whatever the Weather! 왓 에버 더 웨더!

비가 오거나 바람이 불거나 밖으로 나가 놀면서
날씨를 체험하고 배워요.

구성	본책 4권, 스티커 4장, 음원 CD 1장(액팅, 노래, MR), 가이드북 1권, 워크북 pdf 파일